H. P. Karr

Neue Ratekrimis zum Selberlösen

H. P. Karr

Neue Ratekrimis zum Selberlösen

40 neue Fälle für Kommissarin Marlene Kemper

MOEWIG

www.MOEWIG.de
Originalausgabe

Umschlagfoto: IFA-Bilderteam
Printed in Germany
ISBN 3-8118-1668-3

Inhaltsverzeichnis

1

Mord im vierten Stock

Marlene Kempers Assistent Nils Krüger ächzt neben seiner Chefin die breite Treppe in dem alten Patrizierhaus hoch. „Eigentlich“, keucht er, als sie auf einem Treppenabsatz Halt machen, „eigentlich sollte man verbieten, dass jemand in der vierten Etage ermordet wird!“

„Treppensteigen ist gut für die Kondition“, grinst Kommissarin Marlene Kemper gut gelaunt, denn schließlich verbringt sie jede Woche zwei Abende im Fitnessstudio. „Wenn Sie im Präsidium nicht immer mit dem Lift fahren würden…“

In der Wohnung von Hansjürgen Bergstedt in der vierten Etage arbeiten bereits die Kollegen von Spurensicherung und Gerichtsmedizin. „Ich sehe mich hier um, Sie sprechen mit den Nachbarn", sagt Marlene Kemper zu Krüger.

Im Schlafzimmer mustert sie den Toten. Hansjürgen Bergstedt, 42, Manager in einem Elektronikbetrieb, liegt auf dem breiten Bett. Aus der schmalen Stichwunde in seiner Brust ist kaum Blut ausgetreten.

„Er ist seit etwa drei Tagen tot", fasst der Gerichtsmediziner zusammen, als Marlene ihn fragend ansieht. „Also seit Mittwoch, dem 29. Januar. Genauer werde ich die Todeszeit wahrscheinlich nicht bestimmen können, auch wenn ich …"

Marlene nickt, ehe der Arzt zu einem seiner berüchtigten Vorträge über die Möglichkeiten der Gerichtsmedizin ausholen kann, und sieht sich in der elegant und teuer eingerichteten Wohnung um. Im Wohnzimmer liegt eine Programmzeitschrift vor dem Fernsehgerät, aufgeschlagen ist die Seite vom 29. Januar. Die Kästchen für die Gewinnzahlen des Mittwochslottos sind ausgefüllt.

„Prüfen Sie, ob das die richtigen Zahlen sind und ob das Bergstedts Handschrift ist!", weist Marlene einen der Spurentechniker an. Dann untersucht sie im Flur das Schloss der Wohnungstür. Sie findet keine Einbruchspuren. Krüger kommt die Treppe hochgekeucht.

„Ein sehr zurückhaltender Mann, sagen die Nachbarn", berichtet er. „Verwitwet, kaum Besuch – bis auf eine junge Frau, die meist samstags kam und übers Wochenende blieb. Inga Karlsberg ist ihr Name. Die Adresse habe ich auch bekommen." Krüger schnauft. „Ich glaube, Ihre Idee mit dem regelmäßigen Treppensteigen hat einiges für sich."

* * *

„Hansjürgen wollte mich heiraten", beteuert Inga Karlsberg, als Marlene Kemper und Nils Krüger ihr kurz darauf in ihrem Appartement in der Neubausiedlung ganz in der Nähe von Bergstedts Wohnung gegenübersitzen. Inga ist Ende 20, für Marlenes Geschmack viel zu schlank und viel zu stark geschminkt. Außerdem raucht sie für den Geschmack der Kommissarin zu viel. „Lassen Sie sich von seinem Bruder nichts anderes erzählen“, sagt Inga und zieht an ihrer Menthol-Zigarette.

„Was denn zum Beispiel?“, fragt Marlene und gönnt sich ein Pfefferminzbonbon.

Inga stößt den Rauch aus. „Solange Hansjürgen ledig war, war Klaus Bergstedt sein einziger Verwandter.“ Sie kneift ein Auge zu. „Verstehen Sie? Damit war er auch bei Hansjürgens Tod sein einziger Erbe! Das hätte sich bei einer Heirat abrupt geändert.“

Marlene schweigt, dafür fragt Krüger: „Wann haben Sie Ihren zukünftigen … ich meine: Hansjürgen Bergstedt eigentlich zum letzten Mal gesehen? Und wo waren Sie am letzten Mittwoch?“

Inga erklärt, sie sei am Wochenende zuletzt bei Bergstedt gewesen. Sie zögert, dann fährt sie fort: „Am Mittwoch abend habe ich meine Schwester besucht.“

Marlene zerknackt ihr Pfefferminzbonbon zwischen den Backenzähnen. „Geben Sie uns die Adresse Ihre Schwester“, verlangt sie. „Wir werden das überprüfen.“

* * *

Auf dem Weg zu Bergstedts Bruder kommt über Funk eine Meldung der Spurensicherung durch. Die Zahlen des Mittwochslottos in Bergstedts Programmzeitschrift wurden tatsächlich an jenem Abend gezogen. Und es ist Bergstedts Handschrift, in der sie eingetragen worden sind – das haben Schriftvergleiche ergeben. Als Marlene Kemper und Nils Krüger wenig später Bergstedts Bruder Klaus in seiner Villa gegenübersitzen, bekommen sie eine ganz andere Geschichte über die Beziehung zwischen Hansjürgen und der kettenrauchenden Inga zu hören.

„Diese Frau hat sich an Hansjürgen herangemacht, als er nach dem Tod seiner ersten Frau vollkommen vereinsamt war", sagt Klaus trocken. Er ist ein großer, knochiger Mann mit einem schmalen Gesicht und dünnen Lippen. „Inga Karlsberg hatte es nur auf Hansjürgens Geld abgesehen. Als mein Bruder mir sagte, dass er sie heiraten wolle, habe ich versucht, ihm ins Gewissen zu reden. Es hat lange gedauert, bis er mir überhaupt zugehört hat, aber dann hat er sich schließlich doch von ihr getrennt."

„Wann?", fragen Marlene Kemper und Nils Krüger beinahe gleichzeitig.

„Letzten Sonntag", sagt Klaus Bergstedt. „Das hat Hansjürgen mir jedenfalls am Montag am Telefon gesagt."

„Und wo waren Sie am Mittwoch abend?", fragt Krüger routinemäßig.

„Hier", erwidert Klaus Bergstedt. „Allein. Ich bin geschieden."

„Inga Karlsberg hat uns gesagt, dass Sie auf das Erbe Ihres Bruders Wert gelegt haben", meint Marlene vorsichtig.

Klaus Bergstedts Lippen werden noch schmaler, als sie ohnehin schon sind. „Er hatte sich von Inga getrennt", wiederholt er. „Damit war das Kapitel vom Tisch."

„Inga hat uns nichts von einer Trennung erzählt", bemerkt Marlene scheinbar nebenbei. „Im Gegenteil – sie sprach von Heirat!"

Der Bruder des Toten explodiert: „Dann lügt sie. Bestimmt hat sie Hansjürgen aus Rache umgebracht, nachdem er sie verlassen hatte."

„Um Sie dadurch zum Alleinerben zu machen“, meint Marlene skeptisch. „Das widerspricht doch Ihrer Theorie, dass Inga es nur es auf sein Geld abgesehen hatte.“

„Inga ist eine Frau!“, knurrt Klaus. „Und Frauen handeln eben nicht immer logisch.“

Marlene hat es schon zu oft mit solchen Prachtstücken männlicher Überlegenheit zu tun gehabt, als dass sie sich noch darüber aufregen könnte.

* * *

Draußen steigt die Kommissarin nachdenklich in den Dienstwagen. Nils Krüger rutscht hinters Steuer. „Und jetzt zu Ingas Schwester, nicht wahr?“, fragt er seine Chefin. „Um Ingas Alibi zu überprüfen.“

Marlene nickt in Gedanken. „Bergstedt wurde am Mittwoch abend, dem 29. Januar erstochen“, rekapituliert sie. „Die Lottozahlen werden zwischen 18 und 19 Uhr gezogen, und er hat sie noch selbst aufgeschrieben.“

Ingas Schwester Claudia wohnt in einem kleinen Häuschen am Stadtrand. Sie ist einige Jahre älter als Inga, hat aber unverkennbare Ähnlichkeit mit ihr. Und sie ist nervös, denn sie raucht, genau wie ihre Schwester, eine Zigarette nach der anderen, als Marlene Kemper und Nils Krüger sich nach Ingas Alibi erkundigen.

„Mittwoch?“ Claudia Karlsberg drückt ihre Zigarette aus und holt ein dickes Heft aus dem Wohnzimmer. „Am besten, ich schaue nach, was ich ins Tagebuch geschrieben habe, damit ich mich nicht irre“, sagt sie und blättert. „Hier, lesen Sie selbst“, meint sie dann und schiebt Marlene das Buch hin. Die Eintragungen beginnen mit dem 1. Januar. Marlene blättert vor und liest: „27. Januar, (Montag). Inga ruft an. Sie möchte mich am Mittwoch besuchen.

28. Januar. Marmorkuchen gebacken, weil Inga ihn so gern mag.

29. Januar. Inga war hier. Sie wirkte unglücklich. Irgendetwas stimmt nicht mit ihrem Freund, diesem Hansjürgen.

1. Februar. Ein kühler, aber sonniger Sonntag. Ich habe Inga besucht, weil ich denke, dass sie meine Hilfe braucht."

Marlene Kemper zeigt das Buch ihrem Kollegen. Krüger studiert die Eintragungen und legt die Stirn in Falten. „Ich ahne, was Sie denken", meint er dann und klappt das Tagebuch zu.

„Stimmt etwas nicht?", fragt Claudia Karlsberg hektisch.

„Sie kommen jetzt bitte mit uns ins Präsidium!", sagt Marlene, und zu Krüger sagt sie: „Sie verhaften inzwischen Inga wegen des Mordes an Bergstedt."

Was ist Marlene Kemper aufgefallen?

Claudia hat das Tagebuch nachträglich gefälscht, um ihrer Schwester Inga ein Alibi für die Mordzeit am Mittwoch zu verschaffen, denn Inga ist die Mörderin. Marlene Kemper war an dem Tagebuch Folgendes aufgefallen: Der 29. Januar war ein Mittwoch. Für den 1. Februar schrieb Claudia aber, dass es ein Sonntag gewesen sei. Der Januar hat jedoch 31 Tage, der 1. Februar war also logischerweise ein Sonnabend.

2

Reporter in Gefahr

Marlene Kemper kennt Marek jetzt schon seit fast vier Jahren. Der kleine Typ mit dem buschigen Schnauzbart arbeitet als Videoreporter fürs Fernsehen. Es ist mehr als einmal vorgekommen, dass er mit seiner Kamera schon vor der Mordkommission am Schauplatz eines Mordes aufgetaucht ist – weil ihn einer seiner Informanten angerufen oder Marek wieder einmal illegalerweise den Polizeifunk abgehört hat. Marlene hat bis jetzt immer darüber hinweggesehen, genau wie ihre Kollegen, denn Marek macht immer nur ruhig und distanziert seine Aufnahmen und stört die Ermittlungen nicht. Gerade deshalb wundert sich die Kommissarin jetzt darüber, dass der Reporter im Moment ziemlich blass an der Wand der Lagerhalle lehnt, in der sich Beamte der Mordkommission um die beiden toten Libanesen kümmern, die hier bei einer Schießerei ums Leben gekommen sind.

„Sie sind wieder einmal einige Minuten vor der ersten Polizeistreife hier gewesen“, sagt Marlene Kemper tadelnd. „Haben Sie etwa wieder am Polizeifunk gelauscht?“

„Reiner Zufall“, beteuert Marek mit einem schwachen Lächeln. „Ehrlich. Ich war gerade in der Gegend.“

Marlene hat da zwar ihre Zweifel, aber sie lässt die Sache trotzdem auf sich beruhen. Sie bietet Marek ein Pfefferminzbonbon an. Die Hand des Kameramanns zittert ein wenig, als er es sich aus der Schachtel nimmt. Marlene sagt: „Zeugen haben ausgesagt, dass gleich nach der Schießerei eine weibliche Person aus der Halle gestürzt sei. Kurz darauf hat man dann Sie mit Ihrem Kombi vorfahren sehen. Ist Ihnen in der Zufahrt zur Halle hier eine Frau aufgefallen?“

Marek schüttelt den Kopf. „Nein.“ Und sofort erwacht sein Reporterinstinkt: „Halten Sie die Frau für die Mörderin?“

„Sie ist zumindest eine wichtige Zeugin“, meint Marlene Kemper vage, damit Marek sie nicht später zur „gut informierten Quelle“ hochstilisiert.

Marek schultert seine Videokamera. „Ich habe meine Bilder im Kasten! Kann ich gehen? Die Redaktion wartet.“

Marlene Kemper sieht dem Reporter nach, wie er in seinen Kombi mit den abgeklebten Seitenscheiben steigt und davonfährt.

Ihr Assistent Nils Krüger kommt aus der Lagerhalle. „Wir haben die Papiere der Toten gefunden. Danach heißen die beiden Ahmed Bahti und Susha Mahrei und kommen aus Beirut. Bloß sehen die Papiere wie Fälschungen aus.“

***

Gegen Abend haben Marlene Kemper und Nils Krüger schon weitere Ermittlungsergebnisse zusammengetragen. „Die beiden Männer starben durch insgesamt elf Kugeln, die alle aus derselben Waffe abgefeuert wurden“, sagt Marlene Kemper nachdenklich und blättert weiter im Obduktionsbericht. „Also haben wir es wohl nur mit einem Täter zu tun. Der aber scheinbar sehr erregt war – denn hier steht, dass auf die Opfer auch noch geschossen wurde, als sie bereits tot am Boden lagen.“ Die Fingerabdrücke der Toten sind per Interpol in den Libanon unterwegs, und Krüger sortiert die Informationen, die er von seinen „gut informierten Quellen“ in der Unterwelt eingeholt hat. Danach haben die beiden Libanesen in den letzten Tagen überall in der Stadt nach einer Frau namens Leila gefragt. „Allem Anschein nach waren sie wegen einer familiären Sache hinter dieser Frau her“, fasst er gerade zusammen, als das Telefon klingelt.

Marlene Kemper nimmt ab. „Die Papiere der beiden Libanesen sind in der Tat Fälschungen“, berichtet der Erkennungsdienst. „Inzwischen ist aber auch schon Antwort aus Beirut gekommen; dort hat man die Fingerabdrücke der beiden identifiziert: Kamal und Sagir Moha, zwei Brüder. Auf Nachfrage haben uns die Kollegen im Libanon mitgeteilt, dass die beiden dort zusammen mit ihrem dritten Bruder Mustafa in Drogengeschäfte verwickelt waren. Ihr Bruder Mustafa ist vor drei Monaten von seiner Frau Leila aus Eifersucht erschossen worden. Die Frau ist seitdem verschwunden, und man sagt, dass die beiden Brüder sie nun suchen, um den Mord an Mustafa zu rächen."

Marlene Kemper notiert sich die Angaben. Nils Krüger hat inzwischen den Fernseher im Büro eingeschaltet. Die Schießerei im Lagerhaus und die beiden Toten sind natürlich der Aufmacher in den regionalen Abendnachrichten. Marlene Kemper sieht die Bilder, die Marek gedreht hat. Dann erklärt der Moderator: „Eine unbeteiligte Zeugin des Vorfalles hat sich bei unserem Reporter Mark Marek gemeldet. Sie möchte anonym bleiben ..." Eine unkenntlich gemachte Frauengestalt erscheint auf dem Bildschirm. „Es war schrecklich", erklärt die Zeugin. „Ich geriet zufällig in die Schießerei. Ein Mann, ganz offensichtlich ein Deutscher, hat wie von Sinnen auf die Libanesen geschossen. Selbst als die Brüder schon am Boden lagen hat er noch weitergefeuert."

Marlene Kemper greift zum Telefon und ruft Mark Marek an. „Marek, ist diese Frau – diese Zeugin – bei Ihnen?"

„Ja", sagt Marek zögernd. „Ich habe sie in einer Absteige aufgestöbert, nachdem Sie mir von ihr erzählt hatten. Sie sagt, sie sei ganz zufällig am Lagerhaus vorbeigekommen und habe dabei gesehen, wie..."

„Marek", unterbricht Marlene Kemper ihn. „Diese Frau ist keine unbeteiligte Zeugin, sie ist die Mörderin der beiden Libanesen. Halten Sie sie hin, bis wir bei Ihnen sind, um sie zu verhaften."

Nils Krüger hat schon seine Dienstwaffe eingesteckt und wartet an der Tür. „Ich verstehe zwar nicht, wie Sie darauf kommen, dass diese Zeugin die Mörderin sein soll, sagt er. „Aber ich vertraue Ihnen mal, Chefin."

Was ist Marlene Kemper aufgefallen?

Die angebliche Zeugin sprach im Fernsehinterview von den „beiden Brüdern“, die im Lagerhaus erschossen worden waren – obwohl die beiden Opfer mit falschen Pässen gereist waren und erst kurz zuvor ermittelt worden war, dass es sich bei ihnen um Brüder handelte. Das konnte nur bedeuten, dass die „Zeugin“ die beiden Toten kannte – und das traf nur auf die flüchtige Leila zu.

3

Der Promille-Coup

Marlene Kemper betritt die „Blackbox-Bar“. Hinter dem Tresen poliert Frank Hefner die Gläser. „Ein Mineralwasser“, verlangt die Kommissarin.

Frank schiebt ihr ein Glas hin. „Sie können auch gern etwas Stärkeres haben.“

„Nicht im Dienst!“

Hefner hebt eine Augenbraue. „Lassen Sie mich raten, warum Sie kommen, Frau Kommissarin“, sagt er. „Sie wollen das Alibi von Theo und Rudi überprüfen, richtig?“

„Richtig“, meint Marlene. „Dann hat es sich also schon herumgesprochen, dass wir die beiden wegen des Einbruchs bei dem Juwelier verhaftet haben.“

Frank nickt langsam. Seit sie ihn kennt, fragt Marlene sich, ob der Besitzer der „Blackbox-Bar“ wirklich etwas langsam im Kopf ist, oder ob er nur diesen Eindruck zu erwecken versucht. Sicher ist sie sich dagegen, dass Theo Lennert und Rudi Kohl in Untersuchungshaft sitzen, weil sie im Verdacht stehen, letzte Nacht in das Juweliergeschäft Kronstadt eingebrochen zu sein und Schmuck im Wert von fast 500000 Euro gestohlen zu haben. „Theo und Rudi behaupten, sie seien gestern von 19 bis 22 Uhr hier bei dir in der Bar gewesen“, sagt Marlene und nippt an ihrem Wasser. „Stimmt das?“

Frank scheint erst einmal eingehend nachdenken zu müssen. „Klar“, sagt er dann.

„Gibt es jemanden, der das bestätigen kann?“

„Nein, ich glaube nicht“, erwidert Frank überraschend schnell. „Sie saßen im Hinterzimmer, weil sie etwas zu bereden hatten. Ich habe ihnen nur hin und wieder die Getränke reingebracht. Theo trank Mineralwasser und Rudi hat sich ein paar doppelte Scotch genehmigt.“ Frank legt die Stirn in Falten. „Der Einbruch wurde doch zwischen 21 und 22 Uhr begangen, nicht wahr?“

„Genau.“ Marlene nickt. „Du bist sehr gut informiert, Frank. Die Täter verließen das Juweliergeschäft gegen 22 Uhr. Wenn Rudi und Theo also zu diesem Zeitpunkt noch hier bei dir saßen, kommen sie für den Einbruch nicht in Frage.“

„Die beiden sind um 22 Uhr hier fortgegangen“, bestätigt Frank.

„Und um Punkt 22.15 Uhr gerieten Theo und Rudi dann an der Bismarckstraße in eine Verkehrskontrolle“, sagt Marlene Kemper. „Die Kollegen von der Polizeistreife hatten allerdings den Eindruck, als wollten die beiden geradezu erwischt werden. Ich habe mir das Protokoll angeschaut: Lennert saß am Steuer und fuhr Schlangenlinien. Deshalb wurde ihm dann auch eine

Blutprobe abgenommen – und Rudi auch, weil er lauthals randalierte. Das Testergebnis: 1,2 Promille bei Theo und 0,0 Promille bei Rudi. Zumindest wird Theo also eine Zeit lang auf den Führerschein verzichten müssen."

„Da wird er ganz schön wütend sein", sagt Frank.

Marlene Kemper lächelt den Barbesitzer an. „Mich macht misstrauisch, dass die Bismarckstraße sowohl vom Juwelier als auch von deiner Bar aus genau 15 Minuten entfernt liegt", sagt sie. „Einmal angenommen, dass Rudi und Theo nicht bei dir gewesen sind – dann hätten sie genauso gut vom Juwelier kommen können, als sie in die Kontrolle fuhren. Natürlich nachdem sie ihre Beute vorher versteckt hatten."

Frank runzelt die Stirn. „Aber warum hätten sie das denn tun sollen?"

„Weil sie vorher ihr Alibi mit dir abgesprochen haben, Frank. Du solltest bestätigen, dass sie um 22 Uhr hier waren, nicht wahr?"

Frank legt die Stirn in Falten. Marlene fährt fort: „Ich glaube nämlich nicht, dass die beiden hier waren. Sie haben den Juwelier ausgeraubt, und dann hat sich Theo schnell ein paar große Scotch genehmigt, damit er dann in der Kontrolle behaupten konnte, direkt hier aus der Blackbox-Bar zu kommen."

„Unsinn!" Frank zieht einen Rechnungsblock hervor. „Sie haben anschreiben lassen. Hier steht es: vier doppelte Scotch und drei Mineralwasser für Theo und Rudi."

Marlene seufzt. Der Wirt war also doch ein wenig langsam im Kopf. „Das hilft dir jetzt auch nichts mehr, Frank", sagt sie. „Du hast vorhin schon etwas bei dem falschen Alibi für die beiden durcheinander gebracht und dich verplappert."

Was ist Marlene aufgefallen?

Der Wirt sagte aus, Theo Lennert habe Mineralwasser getrunken und Rudi Kohl Scotch. Doch beim Alkoholtest hatte Theo Lennert 1,2 Promille im Blut – die konnte er kaum von dem Mineralwasser bekommen haben. Und Rudi hatte 0,0 Promille – ein sensationelles Ergebnis für vier Scotch.

4

Das feuchte Alibi

In dem Schlafzimmer ist alles verwüstet, die Schränke stehen offen, Kosmetika sind auf dem Boden verstreut. Julia Kettlers Leiche liegt auf dem Bett.

„Schrecklich!“, stammelt Ernst Kettler, als der Gerichtsmediziner ein Tuch über die Leiche seiner Frau deckt. Julia Kettler ist vor knapp einer Stunde erwürgt worden.

Kommissarin Marlene Kemper mustert den Witwer. Ernst Kettler trägt nur einen Bademantel, die Haare hängen ihm nass in die Stirn, und um seine Füße hat sich ein feuchter Fleck auf dem Teppich gebildet. Kettler ist ein schwerer Mann, Marlene Kemper schätzt ihn auf mehr als 90 Kilo. Für seine 54 Jahre, findet Marlene, sieht er noch sehr gut aus und gilt nicht umsonst in der Stadt als Frauenheld.

„Ich habe oben in meinem Arbeitszimmer noch ein paar Geschäftsunterlagen durchgesehen“, erklärt der Steuerberater. „Dann wollte ich noch ein Bad nehmen und mich hinlegen.“ Er räuspert sich. „Julia und ich haben getrennte Schlafzimmer. Meins liegt oben, ihres im Erdgeschoss. Kommen Sie, ich zeige Ihnen alles.“

Marlene folgt ihm in die erste Etage. Kettler zeigt der Kommissarin das Bad neben seinem Schlafraum. Badetücher hängen über den beheizten Stangen, in der Wanne steht das Wasser bis genau an den Rand. Es duftet nach Lavendel, zwischen den Flocken des Badeschaums schwimmt eine gelbe Plastikente auf dem Badewasser.

„Ich lag gerade in der Badewanne, als ich von unten Geräusche hörte“, erzählt Kettler. „Dann schrie Julia auf. Ich sprang sofort aus der Wanne und lief hinunter ... ja, und da fand ich Julia in ihrem Schlafzimmer. Tot. Ich hörte noch, wie jemand durch die offene Terrassentür davonstürzte.“

Marlene Kemper betrachtet noch einmal die randvolle Badewanne und Kettlers Kleider, die in einem Haufen auf dem Boden liegen. Kettlers Notruf ist vor einer Stunde im Polizeipräsidium eingegangen. Aufgeregt hat er gemeldet, dass seine Frau getötet worden ist.

„Schnappen Sie diesen Einbrecher!“, verlangt Kettler. „Er hat meine Frau auf dem Gewissen!“

„Es gab keinen Einbrecher“, meint Marlene Kemper knapp. „Sie sind festgenommen, Herr Kettler! Sie haben Ihre Frau getötet und alles so arrangiert, als habe es einen Einbrecher gegeben. Doch dabei haben Sie eine Kleinigkeit übersehen.“

Was?

Kettler behauptete, in der Badewanne gelegen zu haben, als er den angeblichen Einbrecher hörte. Doch als Marlene Kemper seine Badewanne sah, war diese randvoll mit Wasser. Hätte aber ein so schwerer Mann wie Kettler darin gelegen und die Wanne dann verlassen, hätte sich der Wasserspiegel deutlich unter dem Rand befinden müssen.

5

Das Erbe der Padbergs

Padberg ist ein großer Mann gewesen, groß von Statur mit seinen einen Meter achtzig und seinen 100 Kilo, groß aber auch in seiner Branche. Padberg-Bier gilt etwas, sieben Brauereien und zwei Dutzend Abfüllbetriebe gehören ihm.

Padberg ist gegen halb drei am Nachmittag des 18. Juni erwürgt worden, vor seinem Jagdhäuschen hier im Wald, in dem er die Feiertage und das verlängerte Wochenende verbringen wollte.

Der Bericht des Gerichtsarztes gibt Kommissarin Marlene Kemper wenig Hinweise. Einen Kampf hat es zwischen dem Mörder und seinem Opfer gegeben, das beweisen die Schürfwunden an Padbergs Stirn. „Mit beiden Händen wurde er gewürgt“, sagt der Arzt noch.

Der Mann vom Erkennungsdienst packt schon sein Köfferchen. „Keine verwertbaren Spuren“, sagt er.

Winselnd kommt der Schäferhund ums Haus herum, der durch sein lautes Bellen einige Spaziergänger auf die Leiche aufmerksam gemacht hat. Das Tier schnüffelt interessiert an Marlenes Füßen, bis Joloff, Wildhüter von Padbergs Jagd, es an die Leine nimmt.

„Der Mörder muss Padberg sehr gut gekannt haben“, sagt Joloff. „Und auch Harras, den Hund. Das Tier hätte niemals zugelassen, dass ein Fremder Padberg angreift.“

***

Zwei Tage und ein gutes Dutzend Befragungen später weiß Kommissarin Marlene Kemper dann, dass von den sieben Personen, die ein Motiv für den Mord gehabt haben, vier ein lückenloses Alibi vorweisen können.

„Bleiben uns noch drei Verdächtige“, meint ihr Kollege Nils Krüger. „Zu allererst Horst Padberg, der Bruder. Geschäftsführer in einer der Brauereien. Gilt als Trinker, was in diesem Beruf ungefähr das Schlimmste ist, was passieren kann. Padberg wollte ihn ablösen lassen, nachdem er ihm drei Entziehungen bezahlt hatte und er immer wieder rückfällig geworden war.“

Marlene Kemper meint: „Mich interessiert mehr Padbergs Frau. Die schöne Maria. Sie hat kein Alibi – angeblich war sie allein in Padbergs Villa hier in der Stadt. Fahren wir einmal zu ihr.“

Die schöne Maria ist schlank, beinahe zierlich und versucht, trotz ihrer 45 Jahre wie eine Zwanzigjährige auszusehen. Eiswürfel klirren in ihrem Gin Tonic, als sie Marlene Kemper und Nils Krüger auf die Terrasse führt.

„Ich habe mir gerade alte Bilder angesehen“, sagt sie und schiebt das Fotoalbum beiseite, in dem sie geblättert hat.

„Stimmt es, was wir gehört haben“, fragt Marlene. „Sie wollten sich scheiden lassen?“

Maria Padberg überlegt eine Weile, als müsse sie sich erst über ihre Ehe klar werden. „Ja, mein Mann wollte sich von mir scheiden lassen“, meint sie dann. „Können Sie sich vorstellen, was das für eine Frau in meinem Alter bedeutet? Noch einmal von vorn anzufangen? Beruflich und privat?“

Sie zeigt Marlene alte Bilder in dem Album. Ihre Hochzeit, die Geburt ihres Sohnes, Familienfeste.

„Das sollte auf einmal alles zu Ende sein“, sagt Maria Padberg bitter. Sie zieht ein paar Bilder hervor, auf denen sie mit ihrem Mann und Horst Padberg zu sehen ist. Padbergs Bruder hält lachend seinen eingegipsten und mit bunten Malereien verzierten rechten Arm in die Kamera. „Das war erst vor einer Woche“, sagt Maria leise. „Wir sind für in paar Tage an die Nordsee gefahren. Leider ist es uns nicht gelungen, unsere Ehe wieder in Ordnung zu bringen.“

Sie starrt auf das Album. Harras, der Schäferhund, kommt über den Rasen heran und bleibt knurrend vor Maria Padberg stehen.

„Was hat er denn?“, erkundigt sich Marlene Kemper.

Maria Padberg lächelt unsicher. „Hunger, nehme ich an.“

Die Kommissarin hört einen Wagen vorfahren, und gleich darauf kommt Dieter Padberg auf die Terrasse. Der Sohn des Toten ist 25, kräftig, trägt Tennisshorts und ein offenes Polohemd. Harras läuft ihm entgegen und lässt sich kraulen.

Marlene ist es ganz recht, dass Dieter aufgetaucht ist. Er ist der dritte Verdächte. „Zu Ihrem Alibi ist Ihnen nichts Neues eingefallen?“, fragt sie ihn.

„Ich kann nur bei der Wahrheit bleiben. Am 18. habe ich den ganzen Tag in meiner Studentenbude gesessen und gelernt."

„Sie studieren Philosophie", erinnert sich Marlene. „Das war nicht im Sinn Ihres Vaters, richtig?"

„Er hat sich damit abfinden müssen, dass ich die Firma niemals übernehmen würde", meint Dieter leichthin, als würde er jeden Tag auf ein Millionenerbe verzichten. „Er wollte mich auf den richtigen Weg bringen, indem er mir drohte, mich zu enterben. Aber das meinte er nicht ernst."

„Dieter!", sagt Maria Padberg scharf.

Kommissarin Marlene Kemper sieht Dieter an. „Doktor Breinersdorfer, der Anwalt Ihres Vaters, hat mir aber erzählt, dass Ihr Vater Sie demnächst in seinem Testament auf Ihr Pflichtteil zurücksetzen wollte. Auch Ihre Mutter sollte nach der Scheidung aus dem Testament gestrichen werden. Das Vermögen soll an eine Stiftung zur Behandlung alkoholkranker Menschen gehen."

Dieter bewegt stumm die Lippen. „Das … wusste ich nicht", sagt er.

Maria Padberg schüttelt leicht den Kopf. „Ich auch nicht!"

„Doktor Breinersdorfer sagt aber auch, dass Ihr Vater Ihnen und Ihrer Mutter das alles zwei Tage vor seinem Tod mitgeteilt hat", meint Marlene.

Dieters Blick wird unruhig. „Und wennschon", sagt er dann. „Das war für mich noch lange kein Grund ihn umzubringen."

Nicht unbedingt, muss Marlene zugeben. Aber vielleicht doch …

***

Horst Padberg empfängt die Kommissarin im Büro der Brauerei. „Sie entschuldigen, wenn ich Ihnen nicht die Hand gebe“, sagt er und deutet auf den strahlend weißen Gips an seinem rechten Arm.

„Wie lange tragen Sie den schon?“, fragt Reck.

„Seit vier Wochen“, erwidert Horst. „Sie wissen gar nicht, wie schwer es ist, damit zu duschen.“

Padberg hat die gleiche massige Figur wie sein Bruder und ist auch ebenso groß wie er. Nur sein Gesicht ist nicht so braun gebrannt.

„Ich dachte, mittlerweile benutzt man Leichtmetallschienen oder Luftkissen statt des altmodischen Gipsverbandes“, meint Marlene.

„Aber nicht unser alter Hausarzt“, grinst Horst Padberg. „Der gipst alles ein. Und nach vier Wochen nimmt er den Gips wieder ab und alles ist in Ordnung.“ Er gestikuliert mit seinem Gipsarm. „Autofahren kann ich damit auch nicht“, sagt er. „Also hätte ich auch gar nicht zum Jagdhaus meines Bruders hinausfahren können, am 18. Juli. Das ist mir eingefallen, als ich über Ihre Fragen nachgedacht habe, Frau Kommissarin.“

„Es gibt auch Wagen mit Automatikschaltung“, meint Marlene. „Aber ich muss zugeben, dass Sie mit dem Gipsarm Ihren Bruder nicht erwürgen konnten. Dazu hätten Sie beide Arme gebraucht.“

„Sehen Sie“, sagt Horst Padberg. Dann wird er ernst. „Glauben Sie, dass Sie den Mörder finden werden?“

„Ich kenne ihn sogar schon“, sagt Marlene Kemper. „Sie haben Ihren Bruder getötet, Herr Padberg.“

„Aber …“ Padbergs Stimme wird zu einem Krächzen. Hilflos hebt er seinen Gipsarm.

Marlene lächelt: „Sie meinen den Gips am Arm – den haben Sie vor dem Mord abgenommen. Nach dem Mord haben Sie sich selbst einen neuen Gipsverband angelegt, um den Verdacht von sich abzulenken. Nur leider haben Sie dabei etwas übersehen.“

Was?

Padberg wurde von seinem Bruder Horst erwürgt. Horst hatte sich vor der Tat den Gipsverband von seinem rechten Arm entfernt und sich nach dem Mord selbst einen neuen Gips angelegt, um so den Verdacht von sich abzulenken.

Marlene Kemper kam ihm auf die Spur, weil sie zuvor bei Maria Padberg ein Foto von Horst gesehen hatte, auf dem zu erkennen war, dass sein Gipsarm mit bunten Bildern und Sprüchen bemalt war. Als sie Horst dann aufsuchte, zeigte der ihr einen neuen, blütenweißen Gipsarm vor und bestätigte auch noch, dass der Gips nicht erneuert worden war, seitdem er ihn angelegt bekommen hatte.

6

Das Computer-Geheimnis

Bernd Kummer macht seinem Namen keine Ehre. Der Computerfachmann ist ein langer Schlaks mit strahlend blauen Augen, dem gesunden Bronzeteint eines passionierten Outdoor-Freaks und dichtem, langem Haar, das er zum Pferdeschwanz zusammengebunden hat. Kommissarin Marlene Kemper muss zugeben, dass dieser Kummer ihr Kummer macht, denn sie findet ihn ziemlich sympathisch. Und sie muss auch zugeben, dass Sie seine Einladung, ihn hier im Rechenzentrum der „Passionate Programs" zu besuchen, für einen hübschen kleinen Flirtversuch hält, um die Bekanntschaft zu vertiefen, die sie vorgestern in „Bernies Klub" bei Wodka Lemon und Pfefferminzlikör geschlossen haben.

„Da wären wir!“ Bernd Kummer zieht an der Stahltür zum Entwicklungsbereich seine Codekarte durch das Lesegerät. Klickend öffnet sich die Tür, und Marlene Kemper folgt dem Computerspezialisten in einen kleinen, klimatisierten Raum. Neben den beiden penibel aufgeräumten Schreibtischen stehen zwei unscheinbare Computer.

„Lassen Sie sich nicht täuschen“, meint Kummer. „Das sind die besten Rechner, die man derzeit für Geld kaufen kann. Meine beiden Kollegen und ich entwickeln hier für 'Passionate Programs' neue Software.“

Kummer setzt sich an seinen Schreibtisch und schaltet seinen Computer ein. Marlene wird langsam klar, dass Bernd Kummer vielleicht wirklich Kummer hat – genau, wie er es ihr vorhin am Telefon gesagt hat.

BITTE PASSWORT EINGEBEN

erscheint auf dem Monitor. Kummer tippt ein paar Buchstaben ein.

„Aha“, sagt Marlene, weil sei denkt, dass es ganz gut wäre, wenn sie auch einmal etwas sagen würde.

„Das ist das Problem“, meint Kummer. „Einer meiner beiden Kollegen muss mein Passwort ausspioniert und sich an meinem Computer zu schaffen gemacht haben.“ Er sieht Marlene verlegen lächelnd an. „Das ist doch ein Fall für dich, Frau Kommissarin!“

Marlene sieht zu dem leeren Schreibtisch gegenüber. „Arbeiten deine Kollegen dort drüben? Zwei Mann an einem Schreibtisch?“

Kummer nickt. „Herbert Andernach und John Saxon, unser US-Import. Die beiden teilen sich eine Arbeitsstelle und sind deshalb nur halbe Tage hier. Saxon ist seit Montag auf einem Lehrgang in den Staaten. Weil ich mein Passwort nirgendwo aufgeschrieben habe, muss mich einer der beiden beim Eintippen beobachtet haben. Das kann gut sein, weil wir nicht immer an unseren Schreibtischen sitzen, sondern manchmal auch im Raum herumgehen.“ Kummer zeigt zur Kaffeemaschine auf dem Sideboard neben der Tür. „Wir holen Kaffee, oder wir verschaffen einfach unseren steifen Knochen etwas Bewegung.“

„Wie hast du denn bemerkt, dass sich jemand an deinem Computer zu schaffen gemacht hat?“, will Marlene Kemper wissen.

Kummer ruft ein Programm auf. „Zum ersten Mal bemerkt habe ich es am Freitag letzter Woche“, sagt er. „Ich hatte am Donnerstag in diesem Programm etwas geändert. Als ich es am Freitag aufrief, sah ich, dass die Änderungen rückgängig gemacht worden waren.“

„Das klingt ja so, als würde jemand versuchen, deine Arbeit zu sabotieren.“ Marlene Kemper greift nach ihren Pfefferminzbonbons. „Darf ich?“, fragt sie angesichts der klinisch sauberen Umgebung. Und dann hält sie Kummer das Döschen hin: „Auch eins?“

Kummer greift zu und sagt: „Wir Entwickler bekommen Erfolgsprämien. Wer von uns zuerst eine Aufgabe löst, ist der Gewinner. So ist das im IT-Business.“ Er seufzt. „In den letzten Monaten hatte stets ich die Nase vorn. Saxon und Andernach hatten immer das Nachsehen.“ Kummer holt eine Liste aus seinem Schreibtisch. „Hier ist unser Dienstplan. Wie du siehst, hat Saxon jeweils von 9 bis 13 Uhr und Andernach von 13 bis 17 Uhr Dienst. Ich arbeite ganztags und habe von 12.30 bis 13.30 Uhr Mittagspause. In dieser Zeit hätte sowohl der eine als auch der andere an meinem Computer arbeiten können.“

„Hast du denn einen Verdacht?“, fragt Marlene.

Kummer zuckt mit den Schultern. „Mit Saxon bin ich befreundet. Ihm würde ich so eine Niederträchtigkeit nicht zutrauen. Aber man kann sich ja auch in einem Menschen täuschen. Mit Andernach habe ich nur ein kollegiales Verhältnis. Nach dem Vorfall am vergangenen Freitag habe ich natürlich alle meine Programme genau im Auge behalten. Am Montag war noch alles in Ordnung, aber am Dienstag sah ich dann, dass wieder etwas in meinen Programmen geändert war. Du verstehst bestimmt, dass ich gern wissen möchte, wer dieser intrigante Kollege von mir ist – Saxon oder Andernach."

„Aber das ist doch ganz klar!", meint Marlene. „Es ist Herbert Andernach."

Bernd sieht die Kommissarin überrascht an. „Aber wie..."

Marlene grinst. „Wie ich das beweisen kann? Nun, mein Lieber, das kostet dich ein Abendessen und hinterher noch ein paar Gläschen Pfefferminzlikör bei Bernie!"

Wie kommt Marlene zu ihrem Schluss?

Die zweite Änderung in Bernd Kummers Programmen fand in der laufenden Woche von Montag auf Dienstag statt – in dieser Woche hatte aber nur Andernach Dienst, weil Saxon seit Montag auf einem Lehrgang war. Also kam nur Andernach in Frage.

7

Der Geheimgang

Das Firmengebäude der Petersen-Elektronik hat dem Architekten Max Krubeck seinerzeit viel Lob in den Zeitungen eingebracht. Jetzt, ein halbes Jahr nach der Einweihung, wird der Büroturm mit der Granitfassade sicher wieder Schlagzeilen machen. Diesmal allerdings, weil er Schauplatz eines Mordes war: Robert Petersen, Chef der Petersen-Elektronik, ist in seinem Büro in der 14. Etage erschossen aufgefunden worden.

„Herr Petersen hatte am Vormittag eine Besprechung mit Herrn Krubeck. Nachdem Krubeck um elf Uhr gegangen war, hat Petersen sich in seinem Büro eingeschlossen“, sagt die Direktionsassistentin, als Kommissarin Marlene Kemper eintrifft.

„Das tat Petersen häufig, wenn er ungestört arbeiten wollte.“

Doch als Petersen dann nach zwei Stunden nicht zu seinem nächsten Termin herausgekommen ist, hat die Direktionsassistentin den Hausmeister gerufen und die schallgedämpfte Tür aufbrechen lassen. Die beiden haben den Firmenchef so gefunden, wie ihn auch Kommissarin Marlene Kemper jetzt sieht: Petersen ist mit dem Oberkörper über seinen Schreibtisch gesackt, in seiner Schläfe klafft eine Schusswunde. In seiner leblosen rechten Hand liegt eine Pistole.

„Vorgetäuschter Selbstmord“, erklärt der Gerichtsarzt schon nach kurzer Untersuchung. „Und zwar ziemlich stümperhaft vorgetäuscht: Der tödliche Schuss wurde aus zwei Metern Entfernung abgegeben. Erst danach hat man dem Toten die Waffe in die Hand gedrückt.“

Kommissarin Marlene Kemper wendet sich noch einmal an die Direktionsassistentin: „Sie haben die ganze Zeit im Vorzimmer gesessen?“

Die Frau nickt. „Frau Ellmer war anfangs bei mir“, sagt sie. „Sie wollte mit Petersen reden und wartete darauf, dass er aus seinem Büro kommen würde.“

Die Tür vom Vorzimmer ist der einzige Zugang zu Petersens Büro. Petersen ist, wie der Gerichtsarzt feststellt, kurz nach elf Uhr getötet worden.

Aber wie ist der Mörder ins Zimmer gelangt, wenn das Vorzimmer dauernd besetzt war? fragt sich Marlene Kemper. Verschweigt ihr die Direktionsassistentin etwas?

Bevor sie sich jedoch mit der Vorzimmerdame befasst, untersucht Marlene Kemper zunächst einmal Petersens Büro genauer. Es ist ein luxuriöser Raum mit holzverkleideten Wänden. Als sie genauer hinsieht, entdeckt Marlene Kemper, dass sich eines der Paneele ein wenig von der

Wand abhebt. Sie löst die etwa ein mal einen Meter große Platte und entdeckt dahinter einen Schacht der Klimaanlage. Ein warmer Luftstrom bläst ihr entgegen. Der Schacht stößt nach einem Meter rechtwinklig auf einen weiteren waagerechten Schacht. Marlene Kemper seufzt, weil sie sich jetzt gleich ihren nicht gerade billigen Hosenanzug ruinieren wird, und kriecht in den Schacht. Sie folgt ihm nach der Abzweigung, bis sie nach zehn Metern Kriechgang auf eine Öffnung stößt, durch die sie in einen Wartungsraum klettern kann.

Marlene klopft sich den Staub vom Hosenanzug, aber es ist ihr klar, dass das gute Stück gleich morgen in die Reinigung muss. Sie öffnet die Tür des Wartungsraums und blickt in einen kurzen Gang. Damit ist die Sache klar: Von hier aus kann man ungesehen zu den Fahrstühlen gelangen.

Marlene Kemper nimmt den Ausstieg aus dem Schacht im Wartungsraum noch einmal genauer in Augenschein. Viel Hoffnung, dass sie etwas finden wird, hat sie allerdings nicht. Doch dann entdeckt sie ein etwa fünf Zentimeter langes blondes Haar an der Wand des Schachtes. Jetzt hat Marlene Kemper kaum noch einen Zweifel: Der Mörder ist von hier aus durch den Luftschacht in Petersens Büro eingedrungen und auf diesem Weg auch wieder verschwunden.

Die Kommissarin schickt zwei Schutzpolizisten zu Max Krubeck, dem Architekten des Hochhauses, der seine Büros nur zwei Straßen weiter hat. Von einem anderen Beamten lässt sie Ellen Ellmer holen, die Frau, die am Vormittag mit Petersens Assistentin im Vorzimmer gesessen hat. Ellen Ellmer ist Petersens Geschäftsdolmetscherin gewesen, eine adrett gekleidete Anfangsdreißigerin mit einer attraktiven Kurzhaarfrisur. „Warum wollten Sie heute Vormittag mit Herrn Petersen reden?“, erkundigt sich Marlene.

Ellen Ellmer schluckt und zeigt Marlene Kemper einen Brief. Es ist ihre Kündigung. „Die lag heute auf meinem Schreibtisch. Ich wollte den Chef deshalb zur Rede stellen. Aber er hatte sich eingeschlossen. Ich habe von elf bis zwölf im Vorzimmer gewartet.“

„Warum hat er Ihnen gekündigt?“

Ellen schluckt und wird tatsächlich rot. „Ich habe Petersen sehr gemocht“, flüstert sie. „Und ich habe es ihm vielleicht ein wenig zu sehr gezeigt. Er sagte mir, dass er von solchen … Gefühlsbekundungen am Arbeitsplatz nicht viel hält.“

Marlene entdeckt eine Träne in Ellens Augenwinkel. Hat die Dolmetscherin sich gerächt, weil Petersen ihre Liebe nicht erwidert hatte?

Marlene Kemper geht ins Vorzimmer zu Petersens Assistentin. „Frau Ellmer war eine ganze Stunde hier mit Ihnen zusammen?“

Die Frau nickt. „Ja.“

Dann bringen die beiden Polizisten auch schon Max Krubeck. Der Architekt ist nicht besonders erschüttert über Petersens Tod. „Heute Vormittag hat er mir eröffnet, dass er mich wegen angeblicher Baumängel an diesem Gebäude verklagen wollte“, sagt er, als er Marlene Kemper in Petersens Büro folgt. Er starrt auf den Luftschacht, den Marlene Kemper freigelegt hatte. „Ist der Mörder etwa auf diesem Weg …“

„Als Architekt kannten Sie natürlich diesen Schacht?“, fragt Marlene.

„Natürlich“, stößt Krubeck hervor und wirft seine lange blonde Haarmähne zurück. „Aber das beweist doch gar nichts!“

„Für sich genommen sicher nicht“, meint Marlene Kemper. „Aber zusammen mit anderen Details ist jetzt klar, dass Sie der Mörder sind.“

Was meint Marlene Kemper?

Petersen ist kurz nach elf getötet worden – doch von 11 bis 12 Uhr hatte Ellen Ellmer, die zweite Verdächtige, zusammen mit der Sekretärin im Vorzimmer gesessen. Sie hatte also ein Alibi und schied deshalb als Täterin aus. Überführt wurde der Täter durch das lange blonde Haar, das Marlene Kemper am Ausstieg des Luftschachtes fand. Langes blondes Haar hatte nur der Architekt Krubeck. Ellen Ellmer war kurzhaarig.

8

Mord in den besten Kreisen

Max Bessmann hat einen Namen in der Stadt, selbst jetzt noch, nachdem er sich schon lange aus dem Immobiliengeschäft zurückgezogen hat. Als Makler hat er fast 30 Jahre lang Büroetagen und Wohnblocks an den Mieter gebracht. Jetzt steht Kommissarin Marlene Kemper in seinem bestens gepflegten Garten vor der edel renovierter Jugendstil-Villa, in der vor einer knappen Stunde Bessmanns Leiche gefunden worden ist. Nachdem sie sich die Füße abgetreten hat, geht sie ins Haus. Bessmanns Leiche liegt im Schlafzimmer auf dem Bett. Der Gerichtsmediziner beendet gerade seine Untersuchung. „Er hatte ein schwaches Herz“, sagt er. „Und jemand, der das offensichtlich wusste, hat ihm Digitalis gegeben. Flüssig, als Tropfen wahrscheinlich.“

„Also Mord?“, fragt Marlene Kemper, obwohl sie weiß, dass sie damit einen der gefürchteten Kurzvorträge des Gerichtsmediziners auslösen könnte.

Der Arzt nickt und referiert sofort: „Digitalis ist ein Präparat aus den Blättern des Roten Fingerhuts. Es regelt die Herztätigkeit und verlangsamt den Puls. Als Medikament sind die Tropfen rezeptpflichtig und haben verschiedene Warnhinweise auf der Flasche. Ein Versehen ist also auszuschließen.“

Marianne Bessmann hat ihren Mann am Morgen gefunden und den Hausarzt gerufen. Dem kam Bessmanns plötzlicher Tod so seltsam vor, dass er die Polizei verständigt hat.

Unten, in der eleganten Wohnhalle der Villa, warten drei Personen auf die Kommissarin. Man beäugt Marlene Kemper ebenso misstrauisch wie neugierig. Fritz Bessmann, der Bruder des Toten, bedenkt die Kommissarin mit einem knappen Kopfnicken.

„Marianne hat mich angerufen“, sagt er. „Ich wohne in der Nähe und bin sofort herübergekommen.“ Er wirft seiner Schwägerin einen kurzen Blick zu. „Anscheinend wollte Marianne sich nicht allein auf ihren Liebhaber verlassen.“

Marianne Bessmanns Liebhaber heißt Hans Möller. Er ist ein gut aussehender Mittvierziger und sitzt mit unbeteiligtem Gesichtsausdruck in einem der schweren Ledersessel.

„Verhaften Sie Möller!“, fordert Bessmann. „Seit einem Jahr hat Marianne ein Verhältnis mit ihm. Kein Wunder, dass Max’ schwaches Herz die Aufregung nicht verkraftet hat.“

Hans Möller hat nur einen abschätzigen Blick für Fritz Bessmann übrig. „Ich habe gestern Abend mit Bessmann alles geklärt“, sagt er ruhig. „Er wollte sich scheiden lassen, weil er einsah, dass Marianne zu jung für ihn war.“

Marlene fragt sich, wie es kommt, dass der Geliebte der Hausherrin hier einfach so ein und aus gegangen ist. „In welcher Beziehung standen Sie eigentlich zu Herrn Bessmann?“

„Ich war sein Steuerberater“, erwidert Möller. „Außerdem beriet ich ihn in Vermögensfragen. Ich war oft hier, dabei lernte ich Marianne kennen. Und lieben! Aber deswegen hatte ich noch lange keinen Grund, Bessmann zu hassen.“

„Das kann ich nur bestätigen.“ Marianne Bessmann legt vertraulich ihre Hand auf seine Schulter. „Max wollte sich heute mit seinem Anwalt über die Scheidung unterhalten.“

„Bitte“, sagt Marlene Kemper. „Jetzt einmal der Reihe nach! Zuerst möchte ich wissen, was hier gestern Abend geschehen ist!“

„Wir haben zu viert zu Abend gegessen“, berichtet Marianne Bessmann. „Hans war hier, weil er mit Max über die Scheidung sprechen wollte. Fritz war da, weil er uns jeden ersten Dienstag im Monat besucht, das ist ein alter Brauch.“

„Und weiter?“, fragt die Kommissarin.

Hans Möller sagt: „Nach dem Essen ging ich mit Max Bessmann hinauf in sein Arbeitszimmer. Wir sprachen über die Scheidung. Er sagte mir, dass Marianne wegen der Gütertrennung nur einen geringen Unterhalt bekommen würde – aber das wusste ich ja schon aus seinen Steuerunterlagen.“

„Ich saß in dieser Zeit hier unten vor dem Fernseher“, mischt Fritz Bessmann sich ein. „Zusammen mit Marianne. Wir haben uns den Fernsehfilm im Ersten Programm angesehen.“

„Hans und Max kamen gegen zehn Uhr wieder herunter“, fährt Marianne Bessmann fort. „Hans verabschiedete sich und ging. Max unterhielt sich noch kurz mit Fritz und mir, dann nahm er sein Konstitutionsmittel und ging zu Bett. Wir haben getrennte Schlafzimmer."

Ein Konstitutionsmittel, erfährt Kommissarin Marlene Kemper, ist ein homöopathisches Präparat zur Steigerung der allgemeinen Abwehrkräfte. Max Bessmann hat die Tropfen regelmäßig genommen. Marlene Kemper lässt sich von Marianne Bessmann das Fläschchen mit dem Mittel zeigen. Es steht im Medizinschränkchen im Bad. „Eine schwache Phosphorlösung gegen Erschöpfungszustände", erklärt die Witwe. „Max glaubte an Homöopathie und nahm jeden Abend vor dem Schlafengehen einen Teelöffel voll."

Marianne Kemper nimmt das Medizinfläschchen und bringt es zu dem Gerichtsmediziner, der draußen bereits seine Utensilien im Wagen verstaut. „Ah!", sagt der Arzt und zieht eine Augenbraue hoch. „Ein Konstitutionsmittel."

Angesichts seines Tonfalles zieht nun Marlene eine Augenbraue hoch.

„Zur Stärkung der allgemeinen und einer ganz speziellen Konstitution", grinst der Arzt und holt tief Luft. „Eine Art homöopathisches Viagra. In seiner Wirkungsweise natürlich ähnlich einigen anderen pflanzlichen…"

„Untersuchen Sie es einfach!", unterbricht Marlene ihn.

Nach ein paar Tests kann der Arzt der Kommissarin ein vorläufiges Ergebnis mitteilen: „Das Phosphorpräparat ist mit dem tödlichen Digitalis vermischt worden!"

Als Marlene ins Haus zurückkehrt, verharrt sie an der Wohnzimmertür, weil da drinnen offenbar Streit unter den Verdächtigen ausgebrochen ist.

„Ich habe genau gesehen, wie du gestern in der Küche mit einem Medizinfläschchen hantierst hast", sagt Fritz

Bessmann. „Und du warst früher einmal Krankenschwester. Das gibt einem doch sehr zu denken."

„Du bist doch total verrückt!", erwidert Marianne Bessmann scharf. „Es war keine Medizin, sondern ein Portionsfläschchen Sherry, das ich zum Kochen gebraucht habe."

Als die Kommissarin in der Tür erscheint, verstummen die beiden. Hans Möller gibt sich immer noch unbeteiligt.

„Haben Sie eigentlich Vorteile von Herrn Bessmanns Tod?", erkundigt sich Marlene Kemper bei ihm.

„Nur indirekt", gibt der junge Mann offen zu. „Ich werde jetzt eine reiche Erbin heiraten." Er zieht Marianne an sich.

„Liebe, die über Leichen geht", murmelt Fritz Bessmann bösartig.

„Genau wie deine Liebe zur Börse!", faucht Marianne. „Jeden Pfennig, den Max dir lieh, hast du in deine windigen Aktienspekulationen gesteckt."

Hans Möller sagt: „Max erwähnte gestern, dass er heute mit einem Anwalt nicht nur über die Scheidung, sondern auch über ein neues Testament sprechen wollte. Ein Testament, in dem Fritz nicht mehr vorkommen sollte."

Kommissarin Marlene Kemper sieht Möller erstaunt an. „Sie kennen also das alte Testament?"

Möller nickt. „Danach erbt Fritz ein Drittel und Marianne zwei Drittel des Vermögens."

„Ich bin nicht auf sein Geld angewiesen", verteidigt sich Fritz Bessmann. „Ich habe einen guten Job als Botaniker am biologischen Institut der Universität und verdiene genug. Ich habe überhaupt keinen Grund gehabt, sein Konstitutionsmittel zu vergiften! Für Möller dagegen kommt der Tod meines Bruders sehr gelegen. Er hat sich bei der Vergrößerung seines Steuerberatungsbüros hoch verschuldet. Dass Max sich scheiden lasen wollte, war ihm nicht genug, denn danach hätte Marianne ja kaum Geld gehabt. Deshalb hat er ihn umgebracht und sie dadurch zu einer reichen Erbin gemacht, die er heiraten und dann wie eine Weihnachtsgans ausnehmen kann!“

Für einen Augenblick herrscht eisiges Schweigen in dem großen Raum. Dann sagt Marlene Kemper: „Ich muss Sie jetzt verhaften, Herr Bessmann. Sie haben Ihren Bruder umgebracht.“

Fritz Bessmann zuckt zusammen, aber er behält die Fassung. „Wie wollen Sie das beweisen?“

„Sie haben es zwar schlau eingefädelt“, meint Marlene, „aber wie immer sitzt der Teufel im Detail – und da haben Sie einen Fehler gemacht, mein Lieber!“

Was ist Marlene Kemper aufgefallen?

Fritz Bessmann vergiftete seinen Bruder Max, um zu verhindern, dass er ihn in seinem neuen Testament enterbte. Er verriet sich, als er seiner Schwägerin vorwarf, sie habe das homöopathische Konstitutionsmittel von Max vergiftet. Zu diesem Zeitpunkt wusste nur Kommissarin Kemper, dass das tödliche Gift in diesem Mittel gewesen war, denn der Gerichtsmediziner hatte es erst unmittelbar zuvor festgestellt. Als Botaniker war Bessmann natürlich bekannt, dass der Rote Fingerhut Digitalis enthält. Er konnte es am biologischen Institut der Universität, wo er arbeitete, selbst herstellen.

9

Nachts sind alle Diebe grau

Um halb zwei nachts fallen Kommissarin Marlene Kempers Assistenten Krüger zum ersten Mal die Augen zu. Seit vier Stunden sitzen die beiden nun schon in dem unauffälligen Kleintransporter am Rand der Siedlung. Fast ein Dutzend weiterer Polizisten behalten von ihren Verstecken aus die Einfamilienhäuser im Auge. Das Ganze ist eine Großaktion des Einbruchsdezernats, bei der Marlene Kemper und Nils Krüger Amtshilfe leisten. Man will endlich den „Villenschreck" fassen, der im letzten halben Jahr immer in der ersten Vollmondnacht des Monats in der Siedlung auf Beutezug geht.

Neben Marlene Kemper schreckt Krüger aus dem Schlaf und reibt sich die Augen. Um wach zu bleiben, blättert die

Kommissarin in den Berichten des Kollegen von der Abteilung Einbruch über die bisherigen Untaten des „Villenschrecks“. Insgesamt 24 Einbrüche gehen auf sein Konto, immer fünf oder sechs in einer Nacht.

„Der Täter muss recht klein sein“, stellt Marlene fest. „Hier steht, dass er bei Heinrich Roloff im Oleanderweg durch ein 50 mal 50 Zentimeter großes Toilettenfenster eingedrungen ist.“ Sie blättert weiter. „Ah ja – er hebelt meist die Toilettenfenster auf, durchsucht im Haus Schränke und Kommoden, nimmt Schmuck, Geld und andere Wertgegenstände mit und verschwindet wieder durch das Fenster, durch das er eingestiegen ist. So wurde es bei allen Einbrüchen festgestellt.“

Krüger gähnt. „Und bisher ist kein Stück aus seiner Beute bei den einschlägig bekannten Hehlern aufgetaucht.“

Marlene sieht sich die Liste des Diebesgutes an. „Meist stiehlt er nur Schmuck, wie hier bei den Eheleuten Kranzler im Asternweg: ein Diadem, zwei Perlenketten und diversen Goldschmuck. Dazu viertausend Euro Bargeld. Bei Udo Wittek im Nelkenweg waren es Wertpapiere aus einem Safe, der dummerweise offen stand. Alles Dinge, die man gut auch ohne Hehler verkaufen kann. Mit dem Gemälde, das er bei diesem Heinrich Roloff mitgehen ließ, ist das schon anders. Ein Degas von zwei mal einem Meter samt Rahmen. Um so ein Bild abzusetzen, braucht man schon einen Fachmann.“

Im nächsten Moment kommt das Einsatzsignal aus dem Funkgerät: „Rosenweg, unbekannte Person an der Rückfront von Nummer 34.“

Marlene Kemper und ihr Assistent springen aus dem Wagen und sprinten an den Gärten entlang zum Haus Nummer 34. Dort haben zwei Uniformierte einen kleinwüchsigen Mann gestellt.

„Fritz Wieseler“, sagt Marlene Kemper. „Genannt Fritz, das Wiesel. Hattest du dich nicht nach deiner letzten Verurteilung entschlossen, ehrlich zu werden?“

Wieseler zuckt frustriert mit den Schultern. Krüger hat unterdessen die Sachen in Wieselers Rucksack kontrolliert. „Stemmeisen, Glasschneider, Schraubenzieher, Taschenlampe und ein zwei Meter langes Seil.“

Wieseler grinst bitter. „Okay, Sie haben gewonnen, ich bin der Villenschreck.“

Handschellen klicken, Wieseler wird abgeführt.

„Ende der Aktion“, sagt Krüger zufrieden. „Endlich ins Bett!“

„Noch nicht ganz“, meint Marlene Kemper. „Jetzt wecken wir noch einen der früher Bestohlenen, denn der hat bei den Angaben, was ihm gestohlen wurde, gelogen – wahrscheinlich, um seine Versicherung zu betrügen.“

Krüger sieht seine Chefin erstaunt an. „Wen denn? Roloff? Die Kranzlers? Oder Wittek?“

Wen meint Marlene Kemper?

Die Kommissarin meint Heinrich Roloff. Bei ihm drang der Täter durch ein 50 x 50 Zentimeter großes Fenster ein und transportierte durch dieses Fenster angeblich ein zwei mal einen Meter großes Gemälde im Rahmen ab. Ein Ding der Unmöglichkeit.

10

Im Fadenkreuz

Kommissarin Marlene Kemper sieht sich in dem kargen Zimmer um. Der Hauch eines teuren Rasierwassers liegt in der Luft. „Breton“ erkennt Marlene sofort, denn genau der gleiche Duft hängt auch in ihrer Wohnung, seitdem Bernd Kummer, der Computerspezialist, den sie vor kurzem kennen gelernt hat, das Wochenende dort verbracht hat.

Auf dem schmalen Tisch vor dem Fenster liegt ein Gewehr. Der Lauf mit dem aufgeschraubten Präzisionszielfernrohr schimmert matt im Nachmittagslicht. Hinter Marlene durchsuchen die Männer der Anti-Terror-Einheit die anderen Räume. Sie stecken in schwarzen Kampfanzügen und riechen nicht nach Duftwässerchen, sondern echtem Männerschweiß, was Marlene gelegentlich auch ganz reizvoll findet. Die Wohnung stand schon ein halbes Jahr leer, das hat man bei den Recherchen herausgefunden, ehe die Spezialisten des Sonderkommandos eben schwer bewaffnet eingedrungen sind. Durch die Straße, auf die man aus dem Fenster blickt, führt eine der drei Fahrtrouten, auf denen der Finanzminister regelmäßig von seinem Ministerium zu den Kabinettssitzungen in die Staatskanzlei fährt.

Dass die Wohnung hier in der dritten Etage auffällig geworden ist, ist dem professionellen Misstrauen der Sicherheitsbeamten des Ministers zu verdanken. Denen ist nämlich aufgefallen, dass in den letzten Tagen die Begonie im Fenster zur Straße vertrocknet ist – und deshalb haben sie eine Routineüberprüfung der Wohnung eingeleitet. Zu Recht, wie sich jetzt herausgestellt hat.

Der Leiter der Anti-Terror-Einheit deutet auf das Gewehr und sagt zu Marlene: „Eine seltene Waffe! Sie können wahrscheinlich schnell herausfinden, wo sie gekauft wurde. Damit kommen wir dem Attentäter auf die Spur."

Marlene hört, wie schwer ihm das „wir" über die Lippen kommt, weil nach der Meinung der Anti-Terror-Spezialisten eine normale Kommissarin bei so einem Fall gar nichts zu suchen hat. Doch die Vorschriften über Zuständigkeiten sagen nun einmal, dass die Kripo vor Ort die Ermittlungen zu leiten hat – und in solchen Fällen kann Marlene Kemper zur Prinzipienreiterin werden.

„Sie sind sicher, dass ein Attentat geplant wurde?", fragt sie.

Der Leiter der Sondereinheit zeigt Marlene ein aus einer Zeitung herausgerissenes Bild des Finanzministers, auf dessen Gesicht jemand mit einem schwarzen Filzstift ein Fadenkreuz gemalt hat. „Das haben wir in der Küche gefunden. Hier wurde ganz klar ein Attentat vorbereitet, und ich finde auch heraus, von wem.“

„Wir“, korrigiert Marlene sanft. „Wir finden das heraus, Kollege!“

***

Zwei Tage darauf steht nach der Überprüfung der Seriennummer des Gewehrs und der Auskunft des Herstellers fest, dass die Waffe an ein Waffengeschäft in der Brüdergasse ausgeliefert worden ist.

„Besitzer des Ladens ist ein gewisser Titus Meller“, sagt Marlenes Kollege Nils Krüger. „Bis jetzt ist er noch nie polizeilich aufgefallen. Kein Wunder – sonst hätte er keine Erlaubnis, einen Waffenladen zu führen.“

„Trotzdem sollten wir mal mit ihm reden!“, sagt Marlene.

„Gleich morgen früh?“, schlägt Nils Krüger vor.

„Nein, gleich jetzt“, meint Marlene. „Ehe der Kollege von der Anti-Terror-Einheit diese Information über Meller bekommt.“

Krüger grinst. „Sie wollen ihm zuvorkommen?“

„Unsinn“, grinst Marlene zurück. „Wenn die Spur Meller zu nichts führt, haben wir ihm eine Menge Arbeit erspart, nicht wahr?“

Also stehen Kommissarin Marlene Kemper und Nils Krüger wenig später in Titus Mellers Waffenladen. Marlene legt Meller die Seriennummer der Waffe vor. „Mit diesem Gewehr sollte ein Attentat verübt werden“, sagt sie. „Können Sie mir sagen, an wen Sie es verkauft haben?“

Der schlanke Mann mit dem roten Backenbart sieht in seinen Unterlagen nach. „Das war vor zwei Monaten“, sagt er schließlich. „Ich glaube, ich erinnere mich an den Kunden … es war ein Mann, eine eher unauffällige Erscheinung, bis auf das schwarze Fadenkreuz, das er auf seinem Handrücken tätowiert hatte."

Nils Krüger notiert sich die Personalien, die Titus Meller vom Personalausweis und dem Waffenschein seines Kunden beim Kauf der Waffe aufgenommen hat, und geht hinaus zum Wagen, um die Daten über Funk überprüfen zu lassen.

„Sie haben sich nicht gefragt, warum der Mann sich so ein ungewöhnliches Gewehr gekauft hat?", will Marlene Kemper wissen. „Wenn ich mich hier so umsehe, dann verkaufen Sie doch hauptsächlich Jagdwaffen."

„Ein Kunde ist ein Kunde." Meller hebt die Schultern. „Der Mann hat wie vorgeschrieben einen Personalausweis und alle nötigen Papiere vorgelegt. Er wirkte absolut normal. Ich konnte ja nicht ahnen, dass er vorhatte, auf den Finanzminister zu schießen."

Nils Krüger kommt zurück. „Die Personalangaben des Kunden sind allesamt falsch", sagt er. „Es wurde nie ein Personalausweis mit der Nummer ausgegeben, die Herr Meller sich notiert hat. Und einen Waffenschein für diesen Namen gibt es natürlich auch nicht." Er wirft dem Waffenhändler einen sonderbaren Blick zu, dann fährt er fort: „Ich habe dann bei der Abteilung Staatsschutz nachgefragt. Und siehe da – auch wenn Herr Meller sonst eine blütenweiße Weste hat – die Kollegen dort haben ihn auf ihrer Liste der zu beobachtenden Personen, weil er bereits einige Male in der Öffentlichkeit gedroht hat, sich wegen der hohen Steuern am Finanzminister zu rächen."

„Dieser Mann saugt uns alle aus", erklärt Meller auf einmal mit einem wirren Funkeln in den Augen.

Marlene zieht ihre Handschellen hervor. „Mir ist schon vorhin klar geworden, dass Sie selbst der Mann waren, der das Attentat vorbereitet hat.“

Was ist Marlene aufgefallen?

Der Waffenhändler erwähnte, dass der Finanzminister das Ziel des Attentäters war, obwohl Marlene Kemper vorher nur allgemein von einem Attentat gesprochen hatte.

11

Wo kein Rauch ist

Kommissarin Marlene Kemper schaut aus Hubert Löffelhardts verglastem Büro hinunter in die Produktionshalle der „Löffelhardt-Elektronik“. Auf dem Hallenboden steht noch zentimeterhoch das Löschwasser. Die Maschinen, mit denen hoch empfindliche elektronische Bauteile hergestellt werden, sind feucht und ebenso ruiniert wie Marlenes nagelneue Wildleder-Pumps. Hinten in der Halle untersucht Marlenes Kollege Krüger den großen Schaltkasten mit der Steuerung der Sprinkleranlage, die letzte Nacht die Halle unter Wasser gesetzt hat.

„Eine Million Euro Schaden“, stöhnt Hubert Löffelhardt. „Das da unten ist eine Fertigungsstraße für ein neues Autoradiomodell, das wir bauen sollten.“

Doch weil in der letzten Nacht aus einem Grund, den Marlenes Kollege gerade herauszufinden versucht, die Sprinkleranlage angesprungen ist, ohne dass es brannte, sind alle Maschinen durch das Wasser unbrauchbar geworden.

„Ich habe die Maschinen gerade erst angeschafft, weil wir den Auftrag für 100000 Autoradios bekommen hatten“, stöhnt Löffelhardt.

Marlene Kemper hebt eine Augenbraue. „Stand nicht letzte Woche in der Zeitung, dass Sie in Lieferschwierigkeiten geraten sind und die Autofirma den Auftrag deswegen an ein anderes Unternehmen gegeben hat?“

„Sicher“, gibt Löffelhardt zu. „Aber ich hätte schon einen anderen Kunden für die Radios gefunden.“ Er funkelt Marlene an. „Finden Sie lieber heraus, warum hier um vier Uhr nachts diese verdammte Sprinkleranlage ohne jeden Grund angesprungen ist.“

„Dass da jemand manipuliert hat, scheint sicher“, sagt Marlene Kemper. „Ihr Nachtwächter hat letzte Nacht gegen fünf Uhr die Feuerwehr verständigt, als er bei seiner Runde bemerkte, dass die Anlage hier alles unter Wasser gesetzt hatte. Um Mitternacht, das beschwört er, sei noch alles in Ordnung gewesen.“

Hubert Löffelhardt runzelt die Stirn. „Bestimmt ein Racheakt eines entlassenen Arbeiters“, vermutet er. „Nachdem der Auftrag geplatzt war, habe ich zwei Dutzend Männer freisetzen müssen.“

„Sind die Maschinen wenigstens versichert“, will Marlene Kemper wissen.

„Natürlich“, nickt Löffelhardt. „Mit der Versicherungssumme werde ich die Kredite zurückzahlen können, die ich für die Anschaffung aufgenommen habe.“

Während Marlenes Assistent Krüger die Untersuchung der Sprinkleranlage abschließt, überlegt die Kommissarin, ob sie ihre durchnässten Pumps vielleicht von irgendeiner Versicherung ersetzt bekommt.

Wenig später betritt Krüger Löffelhardts Büro. „Das Relais der Sprinkleranlage ist kurzgeschlossen und an eine Zeituhr gekoppelt worden, die die Anlage Punkt vier Uhr in Betrieb setzte“, erklärt er.

„Ich sage doch: Sabotage!“, dröhnt Löffelhardt. „Sie sollten sich alle entlassenen Arbeiter vornehmen, Frau Kommissarin!“

„Irrtum“, meint Marlene Kemper. „Ich nehme mir Sie vor, Herr Löffelhardt, denn Sie haben die Sprinkleranlage selbst manipuliert, damit Ihre neue und nutzlose Fertigungsanlage durch das Wasser zerstört wird und Sie sich mit der Versicherungssumme sanieren können.“

Wie kommt Marlene Kemper zu dem Schluss?

Löffelhardt erwähnte, dass die Anlage Punkt vier Uhr nachts aktiviert wurde, obwohl dieser genaue Zeitpunkt erst kurz darauf durch Marlene Kempers Kollegen ermittelt wurde.

12

Beute ohne Wert

Kommissarin Marlene Kemper betrachtet den Koffer, den die Angestellten der Gepäckaufbewahrung aus dem Bahnhofsschließfach Nummer 276 geholt haben, weil die bezahlte Zeit abgelaufen war. Ein Schloss ist aufgesprungen, Geldbündel ragen heraus.

„Hypo-Bank", liest Marlenes Kollege Nils Krüger auf den Banderolen. „Dort gab es doch letzte Woche einen Überfall, oder?"

Marlene Kemper hebt den Kofferdeckel vorsichtig an. Krüger pfeift durch die Zähne. „Bingo!"

Geldbündel stapeln sich in dem Koffer. Auf den Scheinen liegt ein Gegenstand, der in eine alte Zeitung eingewickelt ist. Marlene Kemper zieht das Papier auseinander. Eine Pistole kommt zum Vorschein. „Und das könnte die Waffe sein, mit der der Bankkassierer bei dem Überfall erschossen wurde“, meint sie.

* * *

Der Koffer enthält 78 000 Euro, wie sich am Nachmittag bei der kriminaltechnischen Untersuchung herausstellt. „Genau die Summe, die die beiden Gangster am 24. August bei ihrem Überfall auf die Hypo-Bank erbeutet haben“, stellt Marlene fest und blättert weiter im Bericht der Kriminaltechnik. „Die Pistole war eindeutig die Tatwaffe bei dem Überfall. Sie war in die Lokalausgabe der Tageszeitung von vom 26. August eingewickelt.“

„Also ein glasklarer Fall“, meint Krüger. „Wir haben die Beute und die Tatwaffe – jetzt fehlen nur noch die beiden Gangster.“

Marlene Kemper nimmt sich ein Pfefferminzbonbon und liest weiter im Bericht des Erkennungsdienstes. „Auf dem Koffer und auf der Waffe im Koffer wurden Fingerabdrücke von zwei Personen gefunden“, sagt sie. „Beides alte Bekannte von uns. Der eine ist Robert Drescher, der andere Willi Schlägel. Die beiden kennen sich aus dem Gefängnis.“

„Schlägel sitzt doch in Untersuchungshaft!“, erinnert sich Krüger auf einmal und telefoniert kurz mit den Kollegen vom Raubdezernat.

„Volltreffer!“, meint er, nachdem er aufgelegt hat. „Die Kollegen hatten nach dem Banküberfall am Montag sofort Drescher und Schlägel im Verdacht und haben am Dienstag abend das Appartement der beiden in der Altstadt gestürmt. Da fanden sie allerdings nur Schlägel und nahmen ihn zum Verhör mit. Schlägel behauptet seitdem steif und fest, dass er Drescher seit Montagmorgen nicht mehr gesehen habe. Mit dem Überfall will Schlägel überhaupt nichts zu tun haben. Er behauptet, dass Drescher das Ding mit einem anderen Komplizen gedreht habe. Trotzdem haben die Kollegen Schlägel am Dienstag gleich in Haft behalten, weil man in dem Appartement noch ein paar gestohlene Pelze gefunden hat. Zurzeit liegt ein Sondereinsatzkommando in dem Appartement auf der Lauer und wartet darauf, dass Drescher wieder auftaucht. Schlägel spielt immer noch die verfolgte Unschuld." Krüger grinst zufrieden. „Aber jetzt haben wir den Koffer mit der Beute und der Tatwaffe und Schlägels Fingerabdrücken. Damit können wir Schlägel nachweisen, dass er den Koffer im Bahnhofsschließfach deponiert hat."

„Mit der Waffe und den Fingerabdrücken können wir Schlägel nachweisen, dass er an dem Überfall beteiligt war", meint Marlene Kemper. „Aber damit können wir nicht beweisen, dass er den Koffer im Schließfach deponiert hat. Den hat nämlich sein Komplize Drescher dort versteckt, und deshalb sollten die Kollegen lieber das Schließfach am Bahnhof im Auge behalten statt des Appartements."

Wie kommt Marlene Kemper zu ihrem Schluss?

Schlägel wurde am Dienstag, dem 25. August, festgenommen und saß seitdem in Haft. Die Zeitung im Koffer stammte aber vom Mittwoch, dem 26. August, als nur Drescher noch auf freiem Fuß war. Also konnte nur Drescher den Koffer im Schließfach deponiert haben.

13

Mord ist eine hohe Kunst

Es ist heiß, hier draußen auf dem Land. Kommissarin Marlene Kemper lenkt ihren Wagen über die schmale Straße, die über die lang gezogene Halbinsel hinaus zu Hartwig Vinckes Anwesen führt. Ein paar Boote treiben mit schlaffen Segeln auf dem spiegelglatten See zu beiden Seiten des Landstreifens. Ein idealer Tag, um träge in der Sonne zu liegen – aber leider ist Marlene Kemper im Dienst.

Hartwig Vinckes Haus am Ende der Landzunge ist eine Bungalowvilla mit Doppelgarage. Hinter dem Wohnhaus liegt ein länglicher, fensterloser Anbau. Kommissarin Marlene Kemper wischt sich den Schweiß von der Stirn und steigt aus. Polizeimeister Wolf vom Polizeiposten im nächsten Dorf kommt ihr entgegen. Sein Uniformhemd klebt ihm am Körper. „32 Grad im Schatten", stöhnt er. „Gestern war es genauso heiß."

Gestern ist Hartwig Vincke ermordet worden, und Kommissarin Kempers Kollegen von der Kriminalbereitschaft haben bereits die Spurensicherung und die ersten Verhöre erledigt. Heute Morgen hat die Akte dann auf Marlenes Schreibtisch gelegen, natürlich mit einem der berüchtigten gelben Notizzettel von Kriminalrat Hofer daran: „Kümmern Sie sich bitte schnell darum, Frau Kollegin!"

Marlene Kemper kann sich denken, warum dem Chef so viel an einer schnellen Aufklärung des Falles liegt: Hartwig Vincke ist nicht nur ein stadtbekannter Kunstmäzen gewesen, sondern auch ein renommierter Sammler von französischen Impressionisten. Viele seiner Bilder hängen als Leihgaben in internationalen Museen, und offenbar befürchtet der Kriminalrat jetzt Anfragen aus aller Welt wegen der ungeklärten Todesumstände des Leihgebers.

„Ich zeige Ihnen, wo der Tote lag." Polizeimeister Wolf öffnet die Stahltür zu dem fensterlosen Anbau, in dem man gestern Mittag Hartwig Vinckes Leiche gefunden hat. „Der Anbau ist vollklimatisiert", sagt der Polizist. „Vincke hatte hier sein Gemäldelager eingerichtet."

Aus den Schlitzen der Klimaanlage strömt es kühl. Kommissarin Kemper stellt sich in den frischen Luftstrom, um sich ein wenig abzukühlen, und mustert die Gemälde in den Stellagen.

„Die Bilder sind temperaturempfindlich, habe ich mir erklären lassen", sagt Polizeimeister Wolf. „Die Klimaanlage hält die Temperatur im Lager bei exakt 15 Grad." Er zeigt auf eine spartanisch eingerichtete Büroecke. „Hartwig Vincke lag hier vor dem Schreibtisch. Erschlagen."

Auf dem penibel aufgeräumten Schreibtisch liegen neben dem alten Telefonapparat mit Wählscheibe nur ein paar Kunstkataloge und Karteikarten.

„Gestern beschädigte gegen neun Uhr ein Bagger vorn an der Straße die Stromleitung, die Vinckes Haus versorgt“, berichtet der Polizeimeister. „Deshalb fiel die Klimaanlage hier aus und das Lager heizte sich in der prallen Sonne auf. Erst um 13 Uhr war der Leitungsschaden behoben. Sobald wieder Strom floss, löste hier im Anbau der elektronische Temperaturfühler bei der Feuerwehr im Ort über die Telefonleitung Alarm aus.“

Was weiter geschehen ist, weiß die Kommissarin aus den Berichten in der Akte. Ein Löschzug der Feuerwehr ist um 13.10 Uhr im Ort losgefahren und hat Vinckes Haus laut Einsatzbericht um 13.15 Uhr erreicht.

Wolf sagt stolz: „Sie haben es ja bestimmt in meinen Protokollen gelesen, Frau Kommissarin: Die Feuerwehrleute kamen mit ihrem Wagen über die Straße, auf der auch Sie gekommen sind. Das ist die einzige Zufahrt zum Grundstück. Auf dieser Straße kam der Feuerwehr Peter Vincke, der Sohn des Toten, in seinem Wagen entgegen. Auf der schmalen Fahrbahn stieß er beinahe mit dem Feuerwehrwagen zusammen. Hier beim Haus angekommen entdeckten die Feuerwehrleute dann Vinckes Leiche. Etwa zur gleichen Zeit erschien Peter Vincke bei mir auf der Polizeiwache und berichtete, er habe seinen Vater tot in Gemäldelager gefunden.“

Marlene Kemper erinnert sich, was Peter Vincke dazu zu Protokoll gegeben hat: „Vater war am Morgen nach dem Frühstück in den Anbau gegangen, um einige neue Gemälde zu katalogisieren. Ich selbst habe mich nach dem Frühstück wieder hingelegt und noch ein wenig geschlafen, weil ich erst spät in der Nacht zuvor angekommen war. Als ich gegen 13 Uhr erwachte, entdeckte ich, dass der Strom ausgefallen war. Ich ging ins Gemäldelager und fand Vater – er war tot. Ich wollte die Polizei anrufen, aber das Telefon auf seinem Schreibtisch funktionierte wegen des Stromausfalles nicht, und über mein Handy bekam ich wegen des Funkloches hier draußen auch keine Verbindung. Deshalb machte ich mich mit dem Wagen auf den Weg zum Polizeirevier.“

Marlene Kemper verlässt das Gemäldelager. Vinckes Haus hat keinen Bootssteg, und an der steilen Uferböschung kann kein Schiff festmachen – also kann der Mörder auch nicht auf diesem Weg gekommen sein. Nach der Kühle im Gemäldelager empfindet die Kommissarin die Hitze hier draußen fast als unerträglich. Marlene bleibt vor der Doppelgarage neben dem Haus stehen. Das elektrisch betriebene Tor steht offen. Auf einem der beiden Garagenplätze steht Hartwig Vinckes schwarze Nobel-Limousine. Der andere Platz ist leer, aber frische Ölflecken zeigen, dass dort vor kurzem noch ein Auto geparkt hat.

Polizeimeister Wolf ist hinter Marlene Kemper hergekommen und räuspert sich, weil er meint, der Kommissarin noch ein paar wichtige Ergebnisse seiner Ermittlungen mitteilen zu müssen. „Vincke verstand sich nicht gut mit seinem Sohn“, sagt er. „Man munkelte, dass Vincke nach dem letzten Streit mit Peter gedroht hat, seine Gemälde testamentarisch einer Stiftung zu vererben, damit sein Sohn sie nicht in die Hände bekam.“ Der Polizist zögert.

„Ja?“, ermuntert Marlene ihn. „Nun sagen Sie es schon: Sie haben eine Theorie?“

Wolf nickt eifrig. „Hätte Peter Vincke nicht selbst den Mord an seinem Vater bei mir gemeldet, würde ich denken, dass er der Täter ist.“

„Das eine schließt das andere nicht aus“, sagt Kommissarin Kemper und betrachtet das Garagentor. „Peter Vincke hat seinen Vater umgebracht. Aber dann konnte er nicht mit seinem Wagen fliehen, weil sich wegen des Stromausfalls das Garagentor nicht öffnen ließ. Erst als gegen 13 Uhr wieder Strom floss, konnte er seinen Wagen herausfahren. Er versuchte zu entkommen, begegnete dabei aber auf der Zufahrtsstraße der Feuerwehr. Weil ihn die Feuerwehrleute gesehen hatten, musste er notgedrungen zu Ihnen auf die Wache kommen und seine erfundene Geschichte erzählen.“

Wolf starrt die Kommissarin an. „Das klingt alles logisch, aber… wie wollen Sie ihm das beweisen?“

„Keine Sorge!“, beruhigt Marlene ihn. „Das schaffe ich schon!“

Wie kann Marlene wissen, dass Peter Vincke gelogen hatte?

Peter Vincke hatte behauptet, er habe die Polizei nicht telefonisch vom Apparat seines Vaters im Gemäldelager alarmieren können, weil das Telefon wegen des Stromausfalles nicht funktioniert habe. Der Apparat war aber ein altes Festnetzgerät mit Wählscheibe – und dieses Telefonnetz ist nicht vom Stromnetz abhängig: Vincke hätte auch bei Stromausfall von diesem Apparat telefonieren können.

14

Eins zu Null für Marlene Kemper

Genau 89 Minuten lang läuft das Fußballspiel gar nicht so, wie Kommissarin Marlene Kemper es sich vorgestellt hat. Sie steht mit ihrem Assistenten Nils Krüger in der Nordkurve, die den Fans der Rot-Weißen vorbehalten ist. Die Stimmung ist nicht gut, seitdem die Rot-Weißen in der 56. Minuten den ersten Treffer von den Blau-Gelben kassiert haben. Auch Marlene ist unzufrieden mit ihrer Mannschaft – schließlich hat sie mit Nils Krüger gewettet, dass die Rot-Weißen mindestens unentschieden spielen werden. Sie bemerkt den selbstzufriedenen Gesichtsausdruck ihres Kollegen, der soviel bedeutet wie: Frauen und Fußball passen eben nicht zusammen.

Doch dann gelingt dem Stürmer der Rot-Weißen in der 90. Minute der Ausgleichstreffer. Die Zuschauer im Stadion johlen, und Marlenes Kollegen von der Schutzpolizei zwischen den Fan-Blöcken haben alle Hände voll zu tun, um Ausschreitungen zu verhindern.

„Okay, unentschieden!“, knurrt Krüger und reicht seiner Chefin einen Zwanziger. „Damit haben Sie die Wette gewonnen!“

Marlene steckt das Geld ein und ist zufrieden, dass sie das Ansehen der Frauen in Sachen Fußballverstand gerettet hat. Zusammen mit Krüger drängt sie mit den anderen Fans aus dem Stadion. Es ist genau 17 Uhr, als sie in Marlenes Wagen in einer langen Fahrzeugschlange vom Parkplatz rollen. Marlene schaltet das Autoradio ein und wartet darauf, dass in der Sportsendung die Ergebnisse der anderen Spiele durchgegeben werden. Keine Partie ist so ausgegangen, dass sie besonders überrascht wäre. Wieder ein Beweis dafür, dass man auch als Frau Fußballverstand haben kann!

Im zähflüssigen Verkehr kommen Marlene und Nils Krüger nur langsam voran. Eine halbe Stunde, nachdem sie losgefahren sind, piept das Funkgerät.

„Überfall auf den Geldboten eines Supermarktes in der Südstadt!“, meldet die Einsatzzentrale. „Tatzeit 17.15 Uhr. Ein Täter, Beschreibung: rund 1,60 groß, schlank, maskiert mit einer Schweinchen-Dick-Maske. Der Täter ist flüchtig. Die Beute beträgt um die 25 000 Euro.“

Marlene biegt sofort ziemlich forsch nach rechts ab.

„Was ist denn los?“, fragt Krüger vom Beifahrersitz. „Die Kollegen werden das schon erledigen. Wir haben unser freies Wochenende.“

„Diese Täterbeschreibung hört sich nach Leo Schürmann an“, meint Marlene. „Leo Schürmann, genannt der

‚schöne Leo‘. Ein alter Bekannter aus meiner Zeit im Raubdezernat.“

Marlene orientiert sich kurz und stoppt schließlich vor einem schmuddeligen Wohnblock. „Schauen wir doch einmal kurz bei ihm vorbei!“, meint sie. „Ich habe zwar nichts mehr mit Leo zu tun gehabt, seit ich vom Raubdezernat zur Mordkommission versetzt worden bin, aber er wird sich bestimmt an mich erinnern.“

Krüger seufzt. „Wenn es denn der Wahrheitsfindung dient.“ Er folgt Marlene zur Haustür, wo die Kommissarin schon das Klingelbrett studiert und schließlich auf einen Knopf drückt.

„Britta Hoyer“, sagt sie. „Das ist Leos Freundin. Sie versorgt ihn auch normalerweise auch mit einem passenden Alibi, wenn er in die Klemme gerät.“

Nils Krüger ist einigermaßen skeptisch wegen Marlenes kühner Kombination, aber er muss sich eines Besseren belehren lassen: Bei Britta Hoyer treffen sie tatsächlich den schmächtigen Leo Schürmann an. Er liegt auf der Couch vorm Fernseher, eine Dose Bier in der Hand. Es ist 17.45 Uhr und in der Sportsendung im Fernsehen beginnen gerade die Kurzberichte von den Bundesligabegegnungen.

„Sind Sie wieder beim Raub gelandet, Frau Kommissarin?“, grinst Leo. „Oder wie habe ich mir Ihren Besuch zu erklären?“

Britta Hoyer steht unterdessen abwartend in der Tür; ein scheinbar ganz und gar argloses Blondgeschöpf, das mit ängstlichem Blick verfolgt, was hier passiert. Doch sowohl Marlene Kemper als auch Krüger kennen diesen Typ Frau sehr gut: Hinter der blonden Fassade steckt ein stahlharter Kern.

„Haben Sie vielleicht etwas mit dem Überfall in der Südstadt zu tun?“, fragt Marlene den schönen Leo.

„Wann soll das gewesen sein?“ Schürmann richtet sich auf und ist auf einmal die Aufmerksamkeit in Person.

„Vor einer halben Stunde.“

„Aber niemals!“ Schürmann stellt sein Bier zur Seite. Als erster Bericht läuft jetzt im Fernsehen eine Reportage über die Begegnung der Rot-Weißen mit den Blau-Gelben. „Ich war auf dem Fußballplatz!“, sagt Schürmann und zeigt auf den Bildschirm. „Bei diesem Spiel dort: Rot-Weiß gegen Blau-Gelb. Ich bin ein Fan der Blau-Gelben, müssen Sie wissen. Versäume kein Spiel.“

„Und wie ist die Partie ausgegangen?“, fragt Marlene.

„Unentschieden“, erklärt Schürmann. „Ein echter Fußballkrimi. Das erste Tor in der 56. und der Ausgleichstreffer in der letzten Minute. Ich habe bis zum Schlusspfiff im Stadion mitgezittert.“

Nils Krüger hat sich unterdessen ein wenig umgesehen und den blau-gelben Schal, die blau-gelbe Pudelmütze und zuletzt auch die blau-gelbe Fahne in der Ecke entdeckt. Ganz offensichtlich Leos Fanausrüstung. Die Frage ist nur, ob er sie heute wirklich getragen hat – und nicht doch eine Schweinchen-Dick-Maske.

„Mein Leo ist unschuldig!“, erklärt Britta Hoyer jetzt mit einem ganz entschiedenen Gesichtsausdruck. „Er ist vor einer halben Stunde heimgekommen.“

„Er war also um 17.15 Uhr hier?“, vergewissert sich Marlene.

Britta nickt heftig. „Bei meiner Ehre, Frau Kommissarin.“

Weil Marlene nicht weiß, wie es mit Brittas Ehre ist, wendet sie sich an Leo: „Und Sie bleiben dabei – Sie haben das Spiel im Stadion bis zur letzten Minute gesehen?“

„Aber ja“, erklärt Leo. „Woher sollte ich sonst von dem Ausgleichstreffer wissen?“

„Aus dem Radio“, meint Krüger.

„Genau!“, sagt Marlene zu ihrem Kollegen. „Sie haben ja sogar Krimisachverstand, mein Lieber! Wir nehmen Leo jetzt fest, weil sein Alibi vorn und hinten nicht stimmt. Und im Präsidium kriegen die Kollegen dann sicher aus ihm heraus, was er mit dem Überfall in der Südstadt zu tun hat.“

Welchen Fehler hat Marlene in Leos Alibi gefunden?

Für die Strecke vom Stadion bis zu Leo Schürmann brauchte man 45 Minuten, wie Marlene und ihr Kollege selbst erfahren hatten. Das Fußballspiel, das Leo angeblich bis zur letzten Minute im Stadion verfolgt hatte, endete um 17.00 Uhr. Leo hätte also frühestens um 17.45 Uhr daheim sein können. Doch seine Freundin behauptete, er sei bereits um 17.15 Uhr da gewesen – unmöglich.

15

Krügers großer Fall

Kommissarin Marlene Kemper trommelt ungeduldig mit den Fingern auf die Schreibtischplatte. Draußen weht ein sanfter Spätsommerwind, Spaziergänger bummeln unter den Kastanien vorm Präsidium, und wenn sie nicht auf den Bericht der KTU warten müsste, könnte sie jetzt im Stadtpark in der Sonne liegen. Marlene Kemper fühlt sich ganz eindeutig urlaubsreif. „Die Kriminaltechnik lässt sich wieder mal Zeit“, stöhnt sie. „Dabei sollen sie doch nur zwei Reifenspuren vergleichen.“

„Der Mordfall Ingrid Zeisberg?“, fragt ihr Kollege Nils Krüger.

Marlene Kemper nickt. „Sie hatten ja am Wochenende dienstfrei. Ich war beim Kriminaldauerdienst eingeteilt und habe die ersten Ermittlungen geleitet.“ Sie reicht Nils Krüger die Akte, die sie inzwischen für den Fall angelegt hat. „Sehen Sie sich die Sache ruhig einmal an, vielleicht entdecken Sie etwas, was ich übersehen habe.“

Marlene lehnt sich auf ihrem Stuhl zurück und schaut aus dem Fenster in den strahlend blauen Himmel: „Am Samstag um 21 Uhr wurde draußen am Stadtrand in einem Waldstück an der Ausfallstraße die Leiche der 21-jährigen Ingrid Zeisberg gefunden. Erdrosselt, mit einem blauen Seidentuch, gegen 20 Uhr. Neben der Leiche konnten die Spurentechniker einen frischen Reifenabdruck sichern. Ich habe mich dann in der Nacht noch ein wenig in der Gegend umgehört und bin bei den Befragungen ziemlich schnell auf einen Verdächtigen gestoßen: Jörg Brandt, der Ex-Freund von Ingrid Zeisberg. Die beiden hatten sich vor einem Monat wegen Brandts krankhafter Eifersucht zerstritten. Als Ingrid sich von ihm trennte, machte er ihr eine große Szene. Wenn sie schon nicht mehr mit ihm zusammen sein wolle, sagte er, dann solle sie auch mit keinem anderen zusammen sein.“

Nils Krüger blättert in Marlene Kempers Ermittlungsakte und studiert die verschiedenen Protokolle. Nachdenklich knabbert er an der Unterlippe. „Laut Aussage der Eltern von Ingrid Zeisberg war ihre Tochter wie jeden Samstag zu Fuß auf dem Weg zu einer Tante. Der Mörder muss das gewusst haben, wenn er ihr aufgelauert hat. Sie haben also das Alibi des Verdächtigen überprüft …“

„Genau“, sagt Marlene. „Jörg Brandt hat kurz nach acht Uhr seinen Wagen aus einer Werkstatt im Vorort Kirchstedt abgeholt und ist angeblich auf dem kürzesten Weg zu seiner Stammkneipe nach Grätlingen gefahren, wo er sich mit seinen Freunden zum Dart-Spielen verabredet hatte.“ Marlene holt eine Straßenkarte aus dem Schreibtisch und faltet sie auseinander. „Hier habe ich die einzelnen Ortschaften markiert. Es sind etwa 25 Kilometer von Kirchstedt nach Grätlingen, wenn man den kürzesten Weg über die Stadtautobahn nimmt. Jörg Brandt sagt, dass er diesen Weg gefahren sei. Er kam um 21.15 Uhr in seiner Kneipe an, das bezeugen seine Freunde und der Wirt. Brandt hätte also theoretisch auch genug Zeit gehabt, um den längeren Weg an dem Wäldchen vorbei zu nehmen, bei dem Ingrid getötet wurde. Das wäre für ihn nur ein Umweg von 15 Kilometern gewesen, und wenn man annimmt, dass er ungefähr 10 Minuten Zeit für den Mord brauchte, hätte er auch dann noch rechtzeitig um 21.15 Uhr in seiner Kneipe sein können."

Nils Krüger runzelt die Stirn. „Was meint Brandt denn dazu, dass er für die 25 Kilometer von der Werkstatt zur Kneipe mehr als eine Stunde gebraucht hat?"

„Angeblich war er noch im Sonnenstudio, das am Weg zur Stadtautobahn liegt", sagt Marlene. „Zeugen dafür hat er nicht, das ist so ein Selbstbedienungsladen."

Krüger grinst. „Was raten Sie mir immer in solchen Fällen, Chefin? ‚Alibis müssen genau überprüft werden!'"

Die Kommissarin lächelt. „Natürlich habe ich Jörg Brandts Angaben überprüft." Sie blättert in der Akte. „Hier ist die Rechnung aus Brandts Autowerkstatt: Ein grüner Ford, Inspektion bei Kilometerstand 30530, Austausch von Verschleißteilen, neue Sommerreifen aufgezogen, Batterie gewechselt und so weiter. Außerdem hat er vollgetankt. Auf der Rechnung der elektronischen Kasse ist auch die Zeit festgehalten, zu der Brandt bezahlte und die Werkstatt verließ: 20.07 Uhr. Gesehen wurde er erst wieder um 21.15 Uhr in seiner Kneipe, wo er sich mit seinen Freunden zum Dart-Spielen verabredet hatte."

Nils Krüger blättert in der Akte herum. „Sie haben also noch an der Kneipe Brandts Wagen beschlagnahmt, um Reifenabdrücke nehmen zu lassen", stellt er fest.

„Ich hatte von Ingrid Zeisbergs Mutter erfahren, dass Ingrid mit Brandt befreundet gewesen war", sagt Marlene. „Die Polizeikollegen aus Grätlingen sagten mir, dass Brandt sich samstags immer mit seinen Freunden in der Kneipe trifft. Um 23 Uhr kam ich an der Kneipe an, gerade als Brandt mit seinen Freunden losfahren wollte. Er hat sich höllisch aufgeregt, als ich sein Auto stillgelegt habe und einen Transporter bestellte, um ihn abzuholen."

„Da haben wir ja das Beschlagnahmeprotokoll!" Nils Krüger fischt einen Durchschlag aus der Akte. „Ein Ford, grün, Kilometerstand 30570 mit Sommerreifen, Tank fast voll."

„Genau", sagt Marlene. „Das war am Samstag! Und jetzt haben wir schon Montagabend und die Kriminaltechniker haben es bis jetzt nicht geschafft, die Reifenprofile von Brandts Wagen mit dem Abdruck zu vergleichen, den wir neben der toten Ingrid Zeisberg gefunden haben. Ich bin sicher, dass sie beide identisch sind, aber ohne diesen Beweis bekomme ich keinen Haftbefehl."

„Den hätten Sie schon viel früher bekommen können", sagt Nils Krüger plötzlich. „Es ist doch ganz klar, dass Brandt bei seiner Aussage gelogen hat. Er ist an dem Wäldchen vorbeigefahren und hat nicht den kurzen Weg über die Autobahn genommen."

Marlene starrt ihren Assistenten an. „Jetzt sagen Sie bloß, dass ich etwas übersehen habe?"

„Ja", meint Krüger zufrieden. „Ganz klar."

Wie kommt Nils Krüger zu seinem Schluss?

Brandt behauptete auf dem kürzesten, rund 25 Kilometer langen Weg von der Werkstatt zur Kneipe gefahren zu sein. Da er in seinem Wagen aber mit dem Kilometerstand 35 530 bei der Werkstatt losfuhr und das Fahrzeug mit dem Kilometerstand 30 570 vor der Kneipe beschlagnahmt wurde, ist erwiesen, dass er statt nur 25 Kilometern rund 40 gefahren war – nämlich vorbei an dem Wäldchen, wo er Ingrid Zeisberg tötete.

16

Tod am Telefon

Kommissarin Marlene Kemper kommt sonnengebräunt und vollkommen entspannt aus dem Urlaub zurück. „Wie ich sehe, haben Sie den Mordfall Holland ganz ohne mich gelöst“, meint sie anerkennend angesichts der Mordakte, die ihr ihr Kollege Krüger mit dem Vermerk „Erledigt“ auf den Schreibtisch gelegt hat. Krüger nickt zufrieden.

„Dann erzählen Sie mal!“, meint Marlene und schlägt die Akte auf. „Oder wollen Sie meine Urlaubserlebnisse hören? Ich habe auch eine Menge Fotos gemacht.“

„Lieber nicht!“, wehrt Krüger ab. „Also: der Mordfall Holland. Alles fing am 23. August an. Alf Koss, ein freier Finanzvermittler, rief in unserer Notrufzentrale an und erklärte, er habe soeben mit seiner Kundin Erna Vogel telefoniert und dabei einen Schuss gehört. Er vermutete, Frau Vogel sei während des Gesprächs ermordet worden. Er bat uns, bei ihr in der Henricistraße 27 nachzusehen. Um 14.44 Uhr kam ich mit einer Streife dort an. Vor dem Haus stand ein gut gekleideter Mann: Alf Koss, Vermögensverwalter von Erna Vogel. Er sagte, er sei auch eben erst angekommen. Als uns niemand öffnete, ging ich ums Haus herum und sah durch die Terrassentür die tote Erna Vogel neben dem Telefontischchen liegen. Der Hörer baumelte noch herunter."

„Nahezu klassisch!", bemerkt Marlene Kemper und blättert in der Akte weiter. „Erna Vogel, 65 Jahre alt, vermögend, ist nach dem Befund des Arztes höchstens eine halbe Stunde vorher erschossen worden. Von daher könnte die Geschichte von Alf Koss stimmen, dass er am Telefon Zeuge des Mordes wurde."

„Ja, so sah es aus", fährt Krüger fort. „Ich sah mir also Frau Vogels Telefon an – aus dem herunterbaumelnden Hörer war das Freizeichen zu hören. Fingerabdrücke waren nicht darauf zu finden. Koss sagte, Frau Vogel habe ihn angerufen, um einige Vermögensfragen zu besprechen. Nach dem Schuss habe er nur ein Stöhnen gehört, und daraufhin habe er auf seinem Apparat die Verbindung unterbrochen, um die 110 zu wählen." Krüger druckst ein bisschen herum. „Nun ja, dann half mir der Zufall. Erna Vogels Telefon hatte eine Wahlwiederholung. Ich drückte sie und es meldete sich…"

„…die Notrufzentrale der Polizei", lächelt Marlene Kemper.

„Genau", nickt Krüger. „Damit war bewiesen, dass Koss uns von Erna Vogels Apparat aus angerufen hatte, um sich mit seiner Lügengeschichte vom Mord, dessen Ohrenzeuge er angeblich geworden sei, ein Alibi zu verschaffen.

In Wirklichkeit hatte er Erna Vogel zuvor getötet. Er hat dann auch zugegeben, dass er Geld aus ihrem Vermögen unterschlagen hatte. Erna Vogel war dahinter gekommen und wollte ihn deshalb anzeigen."

„Gut kombiniert", räumt Marlene ein. „Koss hat ja dann auch den Mord gestanden. Aber Sie hätten noch viel früher merken können, dass an seiner Geschichte etwas faul war, mein lieber Krüger!"

Was meint Marlene Kemper?

An Erna Vogels Telefonhörer waren keine Fingerabdrücke zu finden. Wäre sie wirklich beim Telefonieren erschossen worden, hätten mindestens ihre Abdrücke am Hörer sein müssen.

17

Der Automörder

Marlene Kemper entdeckt die schmale Gestalt am Straßenrand schon, als sie mit dem Wagen über den kleinen Hügel kommt. Einsam wandert der junge Mann mit seinem schweren Trekking-Rucksack auf dem Rücken an der Landstraße entlang. Als er Marlenes Wagen kommen hört, wendet er sich um und hebt den Daumen.

Warum nicht? denkt Marlene Kemper. Sie fährt rechts ran und öffnet die Beifahrertür. „Steigen Sie ein."

„Danke!" Der junge Mann schnallt sich das Tragegestell mit dem Rucksack ab. „Kann ich den in den Kofferraum legen?"

„Selbstverständlich." Marlene Kemper wartet, bis der Anhalter den Rucksack verstaut hat und eingestiegen ist.

Eine Weile fahren sie schweigend. „Ich habe Ihr Nummernschild gesehen – Sie kommen aus der Stadt?“, sagt ihr Beifahrer schließlich. „Besuchen Sie hier in der Gegend jemanden?“

„Ja, kann man so sagen.“ Marlene Kemper ist eigentlich dienstlich unterwegs, denn sie leitet hier in der Gegend eine Sonderkommission – aber das muss sie ihrem Beifahrer ja nicht unbedingt gleich auf die Nase binden.

„Ganz ungefährlich ist es ja nicht, dass Sie Tramper mitnehmen!“, meint ihr Fahrgast. „Hier in der Gegend treibt sich doch der Automörder herum.“

Marlene Kemper wird aufmerksam. Ihr junger Beifahrer lächelt schmal. „Drei Autofahrer hat er schon umgebracht“, erzählt er und mustert Marlene dabei von der Seite. „Ich glaube, ich bin ihm vorhin begegnet“, erklärt er dann. „Es war ein paar Kilometer hinter Eichstatt, dem letzten Ort, durch den Sie gekommen sind. Ich stand an der Straße und wartete darauf, dass mich einer mitnahm. Schließlich hielt ein heller Volkswagen, ein altes Modell, ein Käfer. Der Fahrer war so ein Typ um die Vierzig, glatt rasiert, vollkommen unauffällig gekleidet. Mir fiel nur auf, dass sein rechtes Augenlid ständig zuckte. Er war ziemlich schweigsam und ging auch nicht darauf ein, als ich mich ein bisschen mit ihm unterhalten wollte.“

„Sie plaudern wohl gern?“, fragt Marlene Kemper.

Ihr Fahrgast nickt. „Eine alte Tramperregel: Je mehr man erzählt, desto weiter nehmen die Leute einen mit. Doch bei dem Volkswagenfahrer war es ganz anders. Ich bemerkte, dass er Handschuhe trug und offensichtlich den Wagen gar nicht genau kannte. Einmal schaltete er aus Versehen den Scheibenwischer ein, als er den Blinker suchte. Mir wurde die ganze Sache etwas unheimlich, zumal ich plötzlich am Armaturenbrett ein paar dunkle

Spritzer entdeckte, die wie Blut aussahen." Der junge Mann macht eine dramatische Pause. „Ich bekam Angst und bat den Fahrer, mich abzusetzen. Er fuhr langsam an den Straßenrand, und ich hatte schon die Tür geöffnet, als er sich plötzlich zu mir herüberwarf – mit einem blutverschmierten Messer in der Hand, das er wohl neben sich auf dem Sitz gehabt hatte. Wie durch ein Wunder hat er mich nicht getroffen, als er zustieß. Ich ließ mich aus dem Wagen fallen und rannte weg, weil ich ahnte, dass dieser Typ wohl der Automörder war, der gerade im Wagen seines letzten Opfer unterwegs war. Das ist ja das Kennzeichen der Automorde. Die Autofahrer werden erstochen am Straßenrand gefunden, während ihre Wagen manchmal bis zu zehn Kilometer entfernt verlassen am Straßenrand entdeckt werden."

„Sie kennen sich da wirklich gut aus", sagt Marlene Kemper. „Wie ging Ihr Abenteuer denn weiter?"

„Ich rannte wie von Teufeln gejagt davon, der Mann kam mit seinem Messer noch ein paar hundert Meter hinter mir her in den Wald, aber er erwischte mich nicht. Ich irrte durch den Wald, bis ich endlich wieder an der Stelle zur Straße kam, wo der Mann mich überfallen hatte. Der Volkswagen war verschwunden, er hatte nichts hinterlassen als ein paar Reifenspuren." Der Anhalter lächelt. „Das war ein paar Minuten ehe Sie mich aufgelesen haben, gnädige Frau. Ich denke, ich gehe im nächsten Ort zu dieser Sonderkommission, die zur Jagd auf den Autobahnmörder gebildet wurde, und gebe meine Aussage zu Protokoll."

„Das können Sie sich sparen", meint Marlene Kemper trocken. „Ich bin nämlich die Leiterin der Sonderkommission und will einmal zu Ihren Gunsten annehmen, dass Sie das eben alles nur erfunden haben, damit uns beiden die Fahrt nicht zu langweilig wird."

Der junge Mann schluckt. „Aber…“

„An Ihrer Geschichte stimmt nämlich einiges nicht“, sagt Marlene.

Was hat Marlene Kemper an der Geschichte auszusetzen?

Der Tramper war mit einem schweren Rucksack auf einem Tragegestell unterwegs, als Marlene Kemper ihn einsteigen ließ – und das, obwohl er behauptete, erst kurz zuvor Hals über Kopf vor der Messerattacke des angeblichen Mörders aus dessen VW-Käfer geflohen zu sein. Wäre dem so gewesen, hätte er seinen Rucksack dabei sicher zurückgelassen, denn der Käfer ist ein Zweitürer, in dem man den Rucksack höchstens auf der Rückbank oder im Kofferraum hätte verstauen können – beides Unterbringungsmöglichkeiten, aus denen man das Gepäckstück nicht so ohne weiteres wieder herausreißen kann.

18

Handwerk hat keinen goldenen Boden

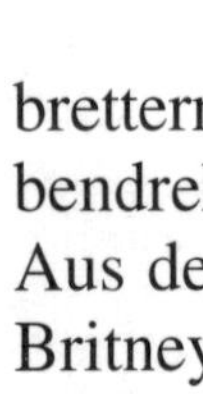

Kommissarin Marlene Kemper durchquert den kleinen Vorgarten und klopft an die Haustür. Als ihr niemand öffnet, schiebt sie sich ein Pfefferminzbonbon in den Mund und geht kurz entschlossen um das Häuschen herum. Auf der Veranda werkelt Ingolf Eichborn an den Bodenbrettern. Werkzeuge liegen herum: Bohrmaschine, Schraubendreher, Zimmermannshammer, verschiedene Zangen. Aus dem Cassettenradio auf der Verandabrüstung säuselt Britney Spears' „Oops – I did it again".

„Da staunen Sie, was?", grinst Eichborn. Marlene Kemper staunt in der Tat, denn sie kennt Eichborn eigentlich nur als Ganoven, der jeder Arbeit aus dem Weg geht.

„Tja, so kann man sich täuschen“, meint Ingolf. „Ich werde jetzt ehrlich. Richtig mit Arbeit und so.“

„Dann hat mich Ihre Freundin wohl deswegen eingeladen“, meint Marlene.

„Tja“, sagt Eichborn und hält Marlene Kemper die Verandatür auf. „Linda ist ein echtes Goldstück – sie kümmert sich wirklich um mich.“

Marlene geht ins Haus. Linda Meibrink ist im Wohnzimmer, dessen Fenster zur Straße hinausgehen. Von der Veranda hört man Ingolf hämmern. Linda hat Kaffee gemacht. „Ingolf sucht gerade nach Arbeit“, sagt sie. „Bis dahin macht er sich hier nützlich. Ich habe ihm gesagt, dass die Veranda gemacht werden muss – in den alten Brettern sitzt der Schwamm.“ Auf der Veranda kreischt eine Kreissäge. Linda seufzt: „Aber er ist vorbestraft, da schreckt jeder Personalchef zurück. Ich dachte, dass Sie …“

Wieder ist von draußen die Kreissäge zu hören.

„Kennen Sie vielleicht ein paar Firmen, die auch Vorbestraften eine Chance geben, Frau Kommissarin?“, fragt Linda.

Marlene Kemper tut ihr den Gefallen und gibt ihr ein paar Adressen. Vielleicht will Ingolf es wirklich mit ehrlicher Arbeit probieren. Linda kommt ins Plaudern, und während sie erzählt, wie sie Ingolf kennen gelernt hat, untermalen die Baugeräusche von der Veranda ihre Worte. Nach ungefähr 20 Minuten kommt Ingolf etwas atemlos herein, gibt Linda einen Kuss und fragt die Kommissarin: „Ist sie nicht ein Prachtmädchen?“

„Ich werde dann jetzt gehen“, meint Marlene Kemper.

Diesmal verlässt sie das Haus durch die Vordertür. Als sie um die Ecke biegt, stoppt gerade ein Streifenwagen mit quietschenden Reifen vor der Sparkassenfiliale. Der Filialleiter kommt herausgestürzt.

„Überfall!“, keucht er. „Ein einzelner Mann mit einer Waffe, etwa 1,78 Meter groß, mit einer Baseballkappe auf dem Kopf und in einem hellen Arbeitskittel. Er kam von hinten herein und floh, nachdem er das Geld hatte, wieder durch den Hinterausgang. Der führt aber eigentlich nur zu den Gärten hinter den Häusern dort.“

Marlene Kemper geht nachdenklich zum Haus von Linda Meibrink und Ingolf Eichborn zurück. Eichborn steht am Gartenzaun. „Sie haben nicht vielleicht etwas mit dem Banküberfall eben zu tun?“, fragt Marlene Kemper ihn.

„Natürlich nicht“, sagt Eichborn entrüstet. „Sie waren doch die ganze Zeit hier. Haben Sie nicht gehört, wie ich auf der Veranda gearbeitet habe?“

„Das habe ich“, sagt Marlene Kemper. „Deswegen weiß ich ja, dass Sie der Bankräuber sind und die Arbeitsgeräusche von einem Band in Ihrem Cassettenradio kamen, das Sie aufgenommen hatten, um mir Ihre Anwesenheit vorzugaukeln. Linda und Sie, ihr wolltet mich als Alibizeugin benutzen. Aber Sie haben einen entscheidenden Fehler gemacht.“

Was meint Marlene Kemper?

Auf der Veranda lagen zahlreiche Werkzeuge, doch es war keine Kreissäge zu sehen – aber genau das Geräusch einer Kreissäge hörte Marlene Kemper, als sie sich im Haus mit Ingolfs Freundin unterhielt.

19

Finale mit einem Mörder

Britta Reichardt gibt den Zucker mit einer silbernen Zange in den Tee und spreizt beim Trinken den kleinen Finger ab. Jeder Zoll eine Dame!

„Ein Skandal!“ Sie setzt die Tasse ab. „Sie haben einen Mörder entkommen lassen!“

„Die Fahndung läuft“, meint Kommissarin Marlene Kemper gelassen. Dennoch kann sie sich denken, was Britta Reichardt, Witwe des Verlegers Wolf Reichardt, 36, elegant und attraktiv, jetzt durch den Kopf geht: Beamtenseele.

„Robert Fellhorn hat seine alte Freundschaft mit Wolf schamlos ausgenutzt, um sich 150000 Euro für den Aufbau einer Existenz zu leihen. Aber dann kam mein Mann doch dahinter, dass Fellhorn das Geld in Warentermingeschäften verspekuliert hatte." Brittas Stimme ist und bleibt gelassen, als sie fortfährt: „Als Wolf das Darlehen zurückforderte, tötete Fellhorn ihn."

Marlene lehnt sich zurück. „Fellhorn bestreitet die Darlehensgeschichte gar nicht", sagt sie. „Es geht um den Mord. Im Verhör sagte er, Ihr Mann habe ihn gestern um 20 Uhr herbestellt, um über das Darlehen zu reden. Doch als Fellhorn hier ankam, habe er niemanden vorgefunden. Die Haustür habe offen gestanden, die Wohnzimmertür sei verschlossen gewesen. Er rief einige Male nach Ihrem Mann, und als sich niemand meldete, verließ er das Haus wieder."

Britta Reichardt hebt die Augenbrauen. „Und die Pistole mit seinen Fingerabdrücken, die neben der Leiche meines Mannes gelegen hat – wie erklärt er die?"

Marlene Kemper erinnert sich an die Mordnacht, in der sie die Ermittlungen geleitet hat: Reichardt hat hier in diesem Wohnraum gelegen, vor der Couch, mit zwei Kugeln in der Brust. Eine Mauser-Pistole mit den Abdrücken von Fellhorns rechter Hand auf Kolben und Abzug hat neben der Leiche gelegen.

Britta Reichardt hat die Leiche ihres Mannes gegen 23 Uhr entdeckt, als sie von einer Vernissage zurückkam. Marlene Kemper erinnert sich auch noch gut daran, dass Britta sofort Fellhorn als Täter verdächtigt hat. Als Marlenes Kollege Krüger Fellhorn dann aus seiner Wohnung ganz in der Nähe holte und man seine Fingerabdrücke mit denen auf der Waffe verglich, schien seine Schuld klar bewiesen. Marlene hat ihn vorläufig festgenommen und noch in der Nacht im Präsidium verhört. Nach dem Verhör ist Fellhorn dann die Flucht geglückt – er hat einem Polizisten die Dienstwaffe abgenommen und ist mit dem Mann als Geisel aus dem Präsidium spaziert. Ein paar

Straßen weiter hat er den Beamten dann freigelassen. Seitdem ist er verschwunden und die Fahndung läuft.

Marlene sieht Britta Reichardt an. „Beim Verhör äußerte Fellhorn den Verdacht, Sie könnten Ihren Mann getötet haben“, meint sie beiläufig.

„Unsinn!“, sagt die Witwe.

„Die Mordwaffe gehörte jedenfalls Ihrem Mann“, fährt Marlene Kemper nachdenklich fort. „Fellhorn meint, Sie könnten seine Fingerabdrücke darauf platziert haben, als er vor drei Wochen einmal hier übernachtete, weil ihm nach ein paar Gläsern Whisky plötzlich übel und schwindelig geworden war.“

„Er hat sich damals dermaßen betrunken, dass man ihn nicht mehr fahren lassen konnte“, korrigiert Britta indigniert. „Er schlief im Gästezimmer.“

Britta fährt plötzlich herum, weil hinter ihr eine Diele knarrt. In der Tür steht Robert Fellhorn, in der Linken die Polizeiwaffe. Er richtet sie auf Britta.

„Wusste ich doch, dass Sie herkommen würden!“, sagt Kommissarin Marlene Kemper langsam. Dass Fellhorn die Hauptbelastungszeugin stellen würde, ist ihr schon klar gewesen, seit Fellhorn geflohen ist. Nicht ganz klar ist ihr jetzt allerdings, wie sie mit dem Bewaffneten fertig werden soll.

„Sie hat Wolf umgebracht!“ Fellhorn zeigt mit der Waffe in der Linken auf Britta und kommt näher. „Sie hat einen Liebhaber. Wolf war dahinter gekommen und wollte sich scheiden lassen. Sie hätte auf den Wohlstand verzichten müssen, den er ihr bot.“

„Sie wollen doch nur davon ablenken, dass Sie der Mörder sind!“, erwidert Britta beherrscht.

Fellhorn kommt noch näher. „Wenn ich schon wegen Mordes verurteilt werde, dann wenigstens wegen einer

Tat, die ich wirklich begangen habe.“ Er richtet die Waffe auf Britta.

„Machen Sie sich nicht unglücklich“, sagt Marlene Kemper auf einmal ganz ruhig. „Ich habe inzwischen Britta Reichardts Alibi überprüft. Es scheint, als sei sie erst gegen neun Uhr auf der Vernissage aufgetaucht. Damit hätte sie Gelegenheit gehabt, ihren Mann vorher zu töten. Weil sie wusste, dass Sie gegen 20 Uhr kommen würden, ließ sie die Haustür offen, verschloss aber die Wohnzimmertür, damit Sie nicht auf die Leiche stießen.“

In Brittas erstaunten Blick mischt sich Entsetzen. „Aber woher … wissen Sie das alles?“, flüstert sie. „Es war doch ein perfekter Plan.“

„Mit einem kleinen Schönheitsfehler“, meint Marlene. Und zu Fellhorn sagt sie: „Geben Sie mir die Pistole, bitte!“

Fellhorn zögert zuerst, aber dann reicht er Marlene langsam die Waffe. „Sie glauben mir, dass ich unschuldig bin?“

Die Kommissarin nickt. „Den letzten Beweis, dass man Ihnen hier eine Falle gestellt hat, haben Sie eben selbst geliefert.“

Was meint Marlene Kemper damit?

Robert Fellhorn ist Linkshänder, das erkannte Marlene Kemper daran, dass er die Waffe, mit der er Britta bedrohte, in der Linken hielt. Britta Reichardt wusste das nicht, deshalb hatte sie in der Nacht, als Fellhorn im Haus übernachtete, die Abdrücke seiner rechten Hand auf die Waffe ihres Mannes praktiziert, indem sie ihm die Pistole im Schlaf in die Hand drückte.

20

Post aus Valparaiso

Kommissarin Marlene Kemper ist schon lange nicht mehr hier draußen in Altkringelheim gewesen. Der kleinen Vorort liegt noch genauso verschlafen da, wie sie ihn aus der Zeit vor vier Jahren in Erinnerung hat, als sie noch hier auf der Polizeiwache im Revierdienst eingesetzt war. Es ist bereits Mittag, als Marlene die Befragung eines Zeugen, wegen der sie herausgekommen ist, hinter sich gebracht hat. Sie beschließt, einen Happen zu essen, ehe sie zurückfährt. In der Herbertstraße findet sie eine kleine Imbissstube. Hinter der Theke steht eine dunkelhaarige Frau, deren Schönheit in der tristen Umgebung umso mehr ins Auge sticht.

„Annie?“, fragt Marlene überrascht. „Annie Andersen?“

Annie blinzelt. „Kommissarin Kemper?“ Eine schwache Hoffnung glimmt in ihrem Blick auf. „Sind Sie gekommen, weil Sie etwas von Harald gehört haben?“

Marlene schüttelt den Kopf. „Nein, nur um etwas zu essen. Ich wusste ja gar nicht, dass Sie jetzt hier arbeiten.“

„Der Imbiss gehört mir“, sagt Annie nicht ohne Stolz. „Mein Onkel Heinrich hat ihn mit vererbt, als er vor drei Monaten starb. Die Wohnung in der ersten Etage gehört auch dazu, und ich werde nächste Woche dort einziehen. Im Augenblick renoviere ich noch. Ein Nachbar hilft mir dabei.“

Marlene nimmt eine Portion Pommes frites mit Ketschup und Majonäse. Wennschon unnütze Kalorien, dann wenigstens richtig bodenständig, wie damals, als sie sich hier draußen beim Revierdienst die Nächte um die Ohren geschlagen hat. Während Annie die Fritten in die Pappschale schaufelt, sieht Marlene sich in dem Imbiss um. Alles ist sauber und gepflegt, wie Marlene es nicht anders von der jungen Frau erwartet. Vor vier Jahren ist Annie in das Polizeirevier gekommen, als Marlene gerade Nachtschicht hatte, weil ihr Verlobter Harald Grossmann plötzlich über Nacht verschwunden war.

Fast ein halbes Jahr hat Marlene damals mit dem Enthusiasmus der Berufsanfängerin alle denkbaren Spuren verfolgt, ohne auch nur den geringsten Hinweis darauf zu finden, ob Harald sich freiwillig aus dem Staub gemacht hat, oder ob er möglicherweise Opfer eines Verbrechens geworden ist. Selbst später, als Marlene schon längst ins Präsidium versetzt war, hat sie sich noch manchmal gefragt, was wohl aus Harald geworden ist – und aus Annie.

Als Marlene Annie jetzt ansieht, spürt sie, dass ihr etwas auf dem Herzen liegt. Doch ehe sie sie fragen kann, kommt ein junger, ungelenker Mann in Arbeitskleidung mit ein paar Rollen Tapete auf dem Arm herein.

„Ich mache dann oben weiter!“, sagt er zu Annie, und gleich darauf hört Marlene ihn die Treppe zur ersten Etage hinaufpoltern.

„Das ist Birger Stein“, meint Annie etwas verlegen. „Er hilft mit beim Renovieren. Er wohnt nebenan. Wir haben uns nett angefreundet, seit ich den Imbiss hier betreibe. Er hat nicht viele Freunde hier.“ Sie lächelt wieder unsicher. „Ich glaube, er ist ein bisschen in mich verliebt, obwohl er weiß, dass ich immer noch auf Harald warte.“

Marlene sieht sie an. „Warum haben Sie eben gefragt, ob ich etwas Neues von Harald weiß?“

Annie zögert, dann holt sie vier Postkarten unter dem Tresen hervor. „Die habe ich in den letzten Wochen bekommen. Ich wollte deshalb ohnehin in den nächsten Tagen mal bei Ihnen im Präsidium vorbeischauen.“

Marlene betrachtet die Karten. Sie kommen aus Valparaiso, zeigen ein paar Sehenswürdigkeiten und idyllische Strände. Adressiert sind sie an „Annie Andersen, Herbertstraße 23“. Marlene liest: „Liebe Annie, entschuldige, dass ich mich damals bei Nacht und Nebel davongemacht habe. Ich hatte meine Gründe. Hier in Valparaiso habe ich mir ein neues Leben aufgebaut. Dein Harald.“ Marlene nimmt die nächste Karte: „Liebste Annie, fühle Dich nicht an mich gebunden. Lebe Dein eigenes Leben. Dein Harald.“ Auf der dritten Karte steht: „Liebste Annie – hier, in meiner neuen Heimat, habe ich in den letzten vier Jahren alles gefunden, wovon ich geträumt habe. Es war eine gute Entscheidung von mir, Deutschland zu verlassen und alle Kontakte abzubrechen. Ich schreib Dir absichtlich nicht, wie Du mich hier erreichen kannst, weil Du zu einer Vergangenheit gehörst, mit der ich nichts mehr zu tun haben will. Du sollst nur wissen, dass es mir gut geht. Dein Harald." Und der Text auf der letzten Karte lautet: „Liebste Annie, führe Dein neues Leben, warte nicht mehr auf mich. Dies ist meine letzte Nachricht an Dich. Ich werde nie wieder von mir hören lassen. Dein Harald."

Marlene sieht sich die Karten genauer an. Sie tragen chilenische Briefmarken und sind in Valparaiso abgestempelt. „Glauben Sie, dass sie von Harald stammen?", fragt sie Annie. „Ist das seine Handschrift?"

Annie sagt lange nichts. „Ich bin mir nicht sicher. Ich möchte es gerne glauben, aber ich habe große Zweifel. Diese Worte auf den Karten – sie klingen nicht nach Harald."

„Und die Schrift?", fragt Marlene.

Annie holt einen abgegriffenen Umschlag aus einer Schachtel unter der Theke. „Einer von Haralds alten Liebesbriefen", sagt sie. „Vergleichen Sie selbst!"

Marlene kann zwar eine gewisse Ähnlichkeit zwischen der Schrift des Briefes und der auf den Karten feststellen, doch sie ist sich genau wie Annie nicht ganz sicher, ob beide von derselben Person geschrieben sind.

Die Tür wird aufgestoßen und der Postzusteller kommt herein. Er legt Annie einen Packen Briefe auf die Theke. „Birger Stein ist doch sicher auch bei dir, oder?", grinst er viel sagend.

Annie nickt. Der Briefträger gibt ihr ein paar Briefe mit bunten Briefmarken und meint: „Er pflegt seine Brieffreundschaften aber sehr fleißig. Jede Woche mindestens sieben Briefe aus allen Orten der Welt."

„Es ist eben sein Hobby, genau wie das Briefmarkensammeln", sagt Annie. Nachdem der Briefträger gegangen ist, sieht sie Marlene Kemper an. „Was meinen Sie zu den angeblichen Karten von Harald?"

„Ich nehme an, sie sind von Ihrem stillen Verehrer Birger Stein“, sagt Marlene behutsam. „Wenn er so internationale Brieffreundschaften pflegt, dann ist es leicht für ihn, sich von einem Freund in Valparaiso die Karten im Umschlag schicken zu lassen, dann hier die angeblichen Botschaften von Harald darauf zu schreiben und sie im Brief wieder zurückzuschicken. Der Brieffreund in Valparaiso hat sie dann frankiert und an Sie losgeschickt. Und weil Birger als angeblicher Harald immer schreibt, dass Sie Ihr eigenes Leben leben sollen, nehme ich an, dass Birger damit erreichen möchte, dass Sie ihn endlich vergessen und sich ihm zuwenden.“

„So kompliziert?“, fragt Annie.

Marlene spießt ein paar Pommes frites mit der Gabel auf. „Birger scheint eben ein sehr komplizierter junger Mann zu sein. Auf alle Fälle ist klar, dass die Karten hier nicht von Harald kommen.“

Wie kommt Marlene zu dem Schluss?

Die Karten waren an Annies neuen Imbiss in der Herbertstraße adressiert, den sie erst vor einigen Monaten übernommen hatte. Woher hätte Harald diese Anschrift wissen sollen, da er doch angeblich seit seinem Verschwinden vor vier Jahren nie wieder Kontakt mit daheim aufgenommen hatte?

21

Keine Chance für den Verräter

Gähnend blickt Kommissar Nils Krüger von seinem Kriminalroman auf und schaut hinüber zum Hotel. Im Zimmer 38 sind die Vorhänge zugezogen, und gerade als Krüger hinüberschaut, wird dort eine Lampe eingeschaltet. Seit heute Morgen sitzt er nun schon auf diesem Observationsposten, ohne genau zu wissen, worum es geht. Krüger notiert: „18.45 Uhr – keine besonderen Vorkommnisse".

* * *

„Der Mann drüben ist ein Gangster", sagt Kommissarin Marlene Kemper, als sie ein paar Stunden später in den getarnten Lieferwagen steigt, um Krüger bei der Observation abzulösen. „Er heißt Georges Delbarre und ist der Killer eines französischen Rauschgiftsyndikates. Man nimmt an, dass er hier ist, um Klaus Volkert umzubringen."

„Und wer ist Klaus Volkert?", fragt Krüger säuerlich. „Man hat mich wegen dieser Observation um sechs Uhr morgens aus dem Bett geklingelt – ich würde auch gern mal wissen, warum."

„Volkert ist der Name, den die Kollegen vom Zeugenschutzprogramm des BKA einem bestimmten Mann gegeben haben, damit er untertauchen kann", erklärt Marlene Kemper. „Volkert heißt in Wirklichkeit Claude Ribauche und war der Buchhalter des Rauschgiftsyndikates. Er hat vor zwei Jahren in Paris als Kronzeuge gegen einen von Delbarres Bossen ausgesagt. Wir nehmen an, Delbarre soll Volkert jetzt für diesen Verrat töten. Volkert lebt hier in Deutschland unerkannt in einem Reihenhaus und hat letzten Monat sogar unter seiner neuen Identität geheiratet. Nicht einmal seine Frau weiß etwas von seinem Vorleben. Als jetzt die französischen Kollegen dem BKA meldeten, dass Georges Delbarre herkommt, befürchtet man, dass das Syndikat durch eine undichte Stelle von Volkerts neuer Identität und seinem Aufenthalt erfahren hat."

„Ich höre immer ‚wir'", sagt Krüger. „Wieso machen die Jungs vom BKA den Job nicht selber? Die sind doch sonst immer ganz fix dabei, wenn es darum geht, uns ins Handwerk zu pfuschen."

Marlene seufzt. „Ich sage ‚wir', weil wir beide hier so lange die Stellung halten, bis die Kollegen vom BKA alle eingeflogen sind, um den Fall zu übernehmen!" Marlenes Sprechfunkgerät meldet sich. Sie lauscht und wird blass. „Man hat gegen Viertel vor sieben auf Volkert geschossen. Zwei Schüsse durchs Fenster. Glücklicherweise daneben. Seine Frau hat einen Schock erlitten."

„Aber ich habe nicht gesehen, dass Delbarre das Hotel verlassen hat", sagt Krüger.

„Er hat vielleicht den Hinterausgang genommen", meint Marlene. „Am besten, wir sehen mal nach."

„Genau", meint Krüger grimmig. „Ehe die Stümper vom BKA hier sind und sich den Fall unter die Nagel reißen."

* * *

Sie finden den Killer auf seinem Hotelzimmer. Delbarre ist Mitte vierzig und könnte glatt als scharmanter Franzose durchgehen, wäre da nicht das kalte Glitzern in seinen Augen.

„Ich habe nichts zu verbergen, Madame la commissaire", sagt er, als Marlene und Krüger ihm ihre Ausweise zeigen. „Ich bin geschäftlich hier."

„Und was ist Ihr Geschäft?", erkundigt Marlene sich. „Vielleicht Mord?" Sie entdeckt eine Zeitschaltuhr, mit der Delbarre die Stehlampe an die Steckdose angeschlossen hat.

„Oh, Sie meinen Ribauche, unseren verräterischen Buchhalter?" Delbarre lächelt kurz und trocken wie eine Raubkatze. „Wenn ich Ribauche in die Finger bekomme, würde ich keine Sekunde zögern, seine frisch gebackene Frau zur Witwe zu machen. Doch leider haben Sie von der Polizei ihn ja versteckt."

„Wir sprechen uns noch", sagt Marlene, ehe sie mit Krüger das Hotelzimmer verlässt. Draußen sagt sie zu ihrem Kollegen: „Sie bleiben hier und lassen Delbarre nicht aus dem Zimmer. Ich besorge mir einen Haftbefehl für ihn."

„Verstehe“, nickt Krüger. „Die Zeitschaltuhr, nicht wahr? Damit hat er gegen 18.45 Uhr das Licht einschalten lassen, damit der Eindruck entstehen sollte, er sei im Zimmer, während er in Wirklichkeit das Attentat auf Volkert verübte.“

„Die Zeitschaltuhr ist kein Beweis“, sagt Marlene. „Aber Delbarre hat bei seiner Aussage einen schweren Fehler gemacht. Daraus geht klar hervor, dass er weiß, dass Ribauche unter dem Namen Volkert hier lebt und er auch hinter den beiden Schüssen steckt, die vorhin auf Volkert abgegeben wurden.“

Was meint Marlene Kemper?

Der Killer Delbarre versprach, Volkerts Frau zur Witwe zu machen. Er wusste also trotz seiner Behauptung, nichts über Ribauche und dessen neue Identität als Volkert zu wissen, dass der versteckte Zeuge erst kürzlich geheiratet hatte.

22

Das geheimnisvolle Skelett

Nachdem Marlene Kemper in ihrem Fitness-Klub zwei Partien Squash gegen die Chefin des Betrugsdezernates verloren hat, tut sie an der Bar mit einem großen Fruchtsaft etwas gegen den Flüssigkeitsverlust. Neben ihr auf dem Hocker sitzt Dieter Fuerbringer – Sohn von Hanno Fuerbringer, einem der bekanntesten Bauunternehmer der Stadt. Dieter ist nicht gerade der Sportlichste und Marlene vermutet, dass er sich hier im Fitness-Klub nur herumtreibt, um Frauen kennen zu lernen.

Fuerbringer hat ein paar Farbfotos vor sich ausgebreitet und prostet Marlene mit seinem Prosecco zu. „Feiern Sie mit mir, Frau Kommissarin!“, erklärt er und tippt auf seine Bilder. „Was ich heute entdeckt habe, ist eine Sensation.“

Auf Dieters Fotos sieht Marlene eigentlich nur eine Baugrube, in der ein menschliches Skelett liegt. Auf den Detailaufnahmen erkennt sie quer über dem Skelett ein verrostetes Schwert, an einem der Fingerknöchel des Toten steckt ein Ring. Durch die Rippen, die behutsam freigelegt worden sind, ist im Rücken des Skeletts ein schmaler Gegenstand zu sehen, den Marlene mit etwas Fantasie als Messer identifiziert.

„Sozusagen ein Mordfall“, meint Dieter. „Wenn auch etwas außerhalb Ihrer Zuständigkeit, Frau Kommissarin. Das sind höchstwahrscheinlich die sterblichen Überreste von Bernhard von Auringen“, erklärte Dieter stolz. „Bernhard war der Anführer einer Räuberbande, die im 13. Jahrhundert die Wälder hier rund um die Stadt unsicher gemacht hat. Ich habe das Skelett entdeckt, als ich mich gestern auf einer Baustellen meines Vaters umgesehen habe.“

Nicht nur Marlene kennt Dieters Neigung zur Archäologie. Sehr zum Leidwesen seines Vaters beschäftigt sich der junge Mann lieber damit, als Hobby-Forscher auf den Spuren der Geschichte zu wandeln, statt sich mit Neubauten zu befassen.

„Bisher hat man vergeblich nach dem Grab von Bernhard von Auringen gesucht“, meint Marlene. „Wie kommen Sie darauf, dass diese Knochen, die Sie da entdeckt haben, seine Überreste sein sollen?“

Dieter tippt auf die Bilder. „Dieser Ring an seinem Finger zeigt das Wappen, das man Bernhard von Auringen zugeschrieben hat. Sie wissen ja sicher, dass Bernhard der Sohn eines verarmten Adeligen hier aus der Gegend war.“ Er zieht ein Foto mit einer Aufnahme des gesäuberten Ringes hervor. „Der Ring wird gerade von einigen Fachleuten an der Universität untersucht, genau wie das Messer, das im Rücken des Skeletts steckte." Auf Dieters nächstem Bild ist das gesäuberte Messer zu sehen. „Ein Dolch. Sehr sauber gearbeitet, mit einer Stahlklinge, wie mir ein Experte für Metallurgie bestätigt hat, dem ich das Messer gezeigt habe, ehe ich ihn zur Universität brachte. Der Griff des Dolches war aus Holz, das im Lauf der Jahrhunderte natürlich verrottet ist."

Marlene lässt sich von dem wissenschaftlichen Enthusiasmus des jungen Mannes nicht so leicht beeindrucken. „Und das alles soll beweisen, dass es sich um das Skelett von Bernhard von Auringen handelt?"

„Natürlich nicht", fährt Dieter voller Begeisterung fort. „Die wichtigsten Hinweise sind die beiden verheilten Beinbrüche an dem Skelett. Sie kennen sicher die Überlieferung, dass Bernhard von Auringen mit seinen Mannen 1245 die Waldes-Burg hier in der Gegend stürmte, um einen seiner gefangenen Leute zu befreien. Dabei stürzte er vom Pferd und brach sich beide Beine. Trotz der großen Schmerzen brachte er es dann doch noch fertig, mit seinen Männern vor den Soldaten zu fliehen. In seinem geheimen Lager in den Wäldern kurierte er dann seine Verletzung aus – liebevoll betreut von Maria, einer einfachen Magd, in die er sich verliebte. Nach der Überlieferung blieb aber sein rechtes Bein danach etwas kürzer als das linke. Genau das habe ich an diesem Skelett entdeckt: zwei verheilte Knochenbrüche an den Beinen, wobei ein Bein um drei Zentimeter kürzer ist als das linke. Es gibt also schon deshalb kaum einen Zweifel, dass es sich hier um Bernhard handelt. Doch der Dolch, der in seinem Rücken steckte, ist das letzte Glied in meiner Beweiskette. Sie kennen die Überlieferung der Liebesgeschichte zwischen Bernhard und Maria. Sie war ihm lange Jahre eine treue Gefährtin – auch bei seinen Raubzügen. Bis Bernhard dann die Gräfin zu Waldt traf und ihr sofort verfiel. Als Maria begriff, dass sie Bernhard an diese hohe Frau verloren hatte, so sagt die Überlieferung, lockte sie ihn von seinen Männern fort – und erstach ihn hinterrücks. Doch man kam ihr bald auf die Spur, sie wurde in Ketten gelegt und von Bernhards Männern auf einem Scheiterhaufen bei lebendigem Leib verbrannt.“ Trotz der gruseligen Geschichte strahlt Dieter. „Das wird der Fachwelt zu denken geben, dass ein Amateurforscher wie ich solch einen Fund gemacht hat.“

„Dieter“, sagt Marlene langsam. „Die Fachwelt wird sich höchstens über Ihre Unbedarftheit amüsieren. Denn trotz aller gebrochenen Beine und wertvollen Wappenringe gibt es einen Beweis dafür, dass es sich bei diesem Skelett auf keinen Fall um Bernhard von Auringen handeln kann.“

Was ist Marlene aufgefallen?

Bernhard von Auringen lebte im 13. Jahrhundert, aber unter dem Skelett lag ein Messer mit einer Stahlklinge – Stahl konnte aber frühestens seit dem 15. Jahrhundert hergestellt werden.

23

Marlene und das blonde Alibi

Kommissarin Marlene Kemper versucht, den Ehemann möglichst behutsam zu behandeln. „Sie werden verstehen, dass ich Ihnen einige Fragen stellen muss“, sagt sie sanft. Immerhin ist Horst Dudeks Frau ermordet worden. Der Modefotograf sitzt etwas verloren in der Designer-Küche der eleganten Vorortvilla. Im Wohnzimmer arbeiten die Beamten der Spurensicherung und der Gerichtsmedizin.

Dudek fährt sich mit der Hand über das braun gebrannte Gesicht. Echte Sonnenbräune, wie Marlene nebenbei registriert, kein Sonnenstudio. „Ich komme gerade von Sylt“, sagt er. „Wir haben vier Tage lang Fotos für die neue Bademode gemacht.“

Marlene notiert sich das. „Erzählen Sie weiter!“

„Auf der Rückfahrt habe ich eins der Fotomodelle im Wagen mitgenommen“, fährt Dudek fort. „Laura Benningsen. Sie wohnt draußen in der Waldstadt, nur zehn Minuten von hier entfernt. Ich habe Laura gegen zwanzig nach eins daheim abgesetzt und fuhr dann nach Hause. Als ich hier das offene Gartentor entdeckte, ahnte ich schon, dass etwas nicht stimmte. Stella achtete wegen Toby, unserem Hund, immer darauf, dass das Tor geschlossen blieb. Ich ging ins Haus … und da fand ich sie im Wohnzimmer.“ Der Fotograf legt die Hand vor die Augen, als müsse er ein Bild verdrängen. „Mein Gott, wenn ich nur eine Stunde früher da gewesen wäre“, stöhnt er. „Dann wäre ich im Haus gewesen, als dieser Gangster hier einbrach …“

Marlene Kemper sieht sich den Einsatzbefehl an, den man ihr vorhin von der Funkzentrale herübergeschickt hat. Horst Dudeks Anruf ist um 13.32 Uhr bei der Notrufnummer 110 eingegangen. Er hat gemeldet, dass seine Frau von einem Einbrecher ermordet worden sei.

Der Gerichtsmediziner steckt den Kopf zur Tür herein und hebt zwei Finger, was so viel heißt, dass er Marlene Kemper für ungefähr zwei Minuten sprechen will.

„Warten Sie bitte einen Moment“, sagt Marlene Kemper zu Dudek und folgt dem Arzt ins Wohnzimmer. Stella Dudeks Leiche ist mit einem Tuch bedeckt. „Strangulation mit einem Seidenschal“, erklärt der Arzt. „Tatzeit war um halb eins. Das deckt sich mit der zerbrochenen Armbanduhr der Toten.“

Marlene geht in die Knie und sieht sich die teure Designeruhr an. Das Deckglas ist zerbrochen und hat die Zeiger auf 12.30 Uhr festgehalten. Dann winkt Marlene ihren Kollegen Krüger heran: „Dudek sagt, er habe sein Fotomodell gegen zwanzig nach eins in der Waldstadt abgesetzt“, meint sie. „Ihr Name ist Laura Benningsen. Lassen Sie sich von ihm die Adresse geben und überprüfen Sie die Angaben.“

Krüger sieht seine Chefin verwundert an. „Aber alles hier deutet auf einen Einbruch hin“, sagt er. „Die Scheibe der Terrassentür ist eingeschlagen, Kommodenschubladen sind herausgerissen, der Inhalt verstreut. Stella Dudek muss jemanden überrascht haben.“

„Aber Stellas Wagen steht in der Garagenauffahrt“, meint Marlene. „Also hätte ein Einbrecher doch annehmen müssen, dass jemand im Haus war. Außerdem soll es hier einen Hund geben.“

„Ja, ich habe einen Hundekorb und Beissknochen gesehen, aber keinen Hund!“ Kommissar Krüger deutet auf das große Terrassenfenster, durch das man in den weitläufigen Garten sehen kann. „Vielleicht ist das Tier weggelaufen, als der Täter hier eindrang. Der Täter kam von hinten. Hinter dem Garten führt ein Pfad an den Grundstücken entlang, wo niemand ihn beobachten konnte. Der Jägerzaun an der Grundstücksgrenze war kein Hindernis für ihn.“

„Trotzdem!“, beharrt Marlene Kemper. „Überprüfen Sie diese Laura Benningsen!“

Krüger zuckt mit den Achseln. „Wie Sie wollen.“

Als Marlene Kemper auf die Terrasse tritt, rollt auf dem Nachbargrundstück ein Wagen in die Einfahrt. Eine Frau steigt aus und kommt sofort neugierig heran, als sie die Polizeiaktivitäten bei den Dudeks entdeckt. Marlene lächelt ihr entgegen. Nachbarschaftsklatsch ist bei jedem Mordfall interessant. Sie zückt ihren Dienstausweis.

„Kann ich Sie mal was fragen?“

„Schrecklich!“, sagt Dudeks Nachbarin, als sie von dem Mord erfährt.

„Haben Sie heute gegen 12.30 Uhr etwas Ungewöhnliches bemerkt?“, fragt Marlene.

„Nein, ich bin schon gegen elf zum Friseur gefahren“, sagt die Nachbarin. „Anschließend war ich einkaufen.“ Die Frau macht eine kleine Pause. „Stella ... Frau Dudek und ich hatten uns angefreundet“, fährt sie dann fort. „Stella hat sich in letzter Zeit häufig über ihren Mann beklagt.“

„Ah ja?“ Marlene Kemper hebt die Augenbrauen gerade so weit, dass die Zeugin ihr Interesse erkennen kann.

„Sie litt darunter, dass Horst sie dauernd mit irgendwelchen Fotomodellen betrog“, sagt die Nachbarin mit gedämpfter Stimme. „Seine letzte Favoritin soll Laura Benningsen gewesen sein. Er hat sie vor vier Tagen zu Aufnahmen nach Sylt mitgenommen. Stella hat mir erzählt, dass es vor der Abreise deswegen noch zu einer schlimmen Szene mit Horst gekommen ist. Sie war es Leid, sich von ihm ausnutzen zu lassen.“

„Inwiefern?“, will Marlene wissen.

„Horst profitierte von Stellas Vermögen!“ Die Nachbarin deutet auf das Haus der Dudeks. „Oder meinen Sie, dass er sich das alles von seinem Verdienst als Modefotograf leisten konnte?“

Ehe sich Marlene Kemper von der Nachbarin verabschiedet, fragt sie noch nach dem Hund der Dudeks. „Toby?“, erwidert die Frau. „Den hat Stella gestern in die Tierklinik gebracht, weil er sich einen Virus eingefangen hatte. Das Tier war sterbenskrank.“

* * *

Kommissar Krüger kommt eine halbe Stunde später mit einer äußerst attraktiven Blondine zurück. „Laura Benningsen“, erklärt er. „Sie wollte unbedingt mitkommen.“

„Was wollen Sie Horst hier anhängen?“, fragt das Fotomodell giftig und wirft seine wasserstoffblonde Mähne kampfeslustig zurück. „Ich kann bestätigen, dass er mich um zwanzig nach eins bei mir daheim abgesetzt hat.“

Marlene Kemper lächelt knapp. „Mehr wollte ich auch nicht von Ihnen wissen.“

„Gesehen hat das von Frau Benningsens Nachbarn allerdings niemand“, ergänzt Assistent Krüger. „Außerdem war ich so frei, in dem Hotel auf Sylt anzurufen, in dem Dudek und Frau Benningsen gewohnt haben. Nach Angaben des Portiers sind sie heute Morgen um sieben losgefahren. Das heißt, sie hätten durchaus schon gegen 12 hier in der Stadt sein können.“

„Da kennen Sie die Verkehrsverhältnisse aber schlecht“, meint Laura Benningsen schnippisch und sieht Marlene Kemper kühl an. „Wieso versuchen Sie hier zu konstruieren, dass Horst schon um halb eins in der Stadt gewesen ist? Warum wollen Sie ihm den Mord an seiner Frau anhängen?“

Marlene mustert das Fotomodell lange. „Weil Ihr Liebhaber Horst Dudek seine Frau in der Tat umgebracht hat!“, meint sie schließlich. Laura Benningsen öffnet empört den Mund, doch Marlene fährt fort: „Und Sie stecken mit ihm unter einer Decke, Frau Benningsen. Sie hätten Ihre Aussagen beide etwas intensiver vorbereiten sollen, dann wären vielleicht Ihnen auch die Fehler aufgefallen, die Sie gemacht haben.“

Laura Benningsen schließt den Mund. Ihr Gesicht ist auf einmal starr wie eine Maske. „Ich sage gar nichts mehr!“, presst Sie hervor.

„Genau“, meint Marlene. „Denn Sie sind der Beihilfe zum Mord beschuldigt und haben das Recht zu schweigen.“

Wie kam Marlene dem Komplott auf die Spur?

Horst Dudek kannte schon die Todeszeit seiner Frau, noch ehe der Gerichtsarzt sie festgestellt hatte. Er sagte: „Wäre ich nur eine Stunde früher hier gewesen“, und verriet damit, dass er der Mörder war. Denn er hatte um 13.32 Uhr die Polizei verständigt und seine Frau war um 12.30 Uhr getötet worden. Auch Laura kannte die Tatzeit, die ihr niemand vorher gesagt hatte: „Wieso versuchen Sie hier zu konstruieren, dass Horst schon um halb eins in der Stadt gewesen ist?“
Das alles konnte nur bedeuten, dass sie mit Dudek gemeinsame Sache gemacht hatte.

24

Mord liegt in der Luft

„Mord!“, sagt der Experte der Flugaufsicht zu Kommissarin Marlene Kemper und schiebt ihr seinen Bericht hin. „Wir haben die Trümmer des Sportflugzeuges, in dem Cäsar Tanner abstürzte, genau untersucht. Es war eine fachmännische Manipulation an der Steuerung, die zu dem Unglück führte.“

Ehe der Experte sich in allzu technischen Details verfransen kann, fragt Marlene: „Vom kriminalistischen Standpunkt aus interessiert mich: wann hat der Täter diese Manipulationen vornehmen können? Brauchte er dazu Fachkenntnisse oder spezielle Werkzeuge? Und wie viel Zeit benötigte er?“ Der Experte hebt eine Augenbraue. „Sie haben schon ein paar Verdächtige?“

Marlene nickt. „Sicher. Cäsar Tanner hat mit seiner dubiosen Vermögensverwaltung drei Mitglieder des Aero-Klubs um hohe Summen geprellt. Nachdem er am vergangenen Sonntag mit seiner Sportmaschine gegen neun Uhr vormittags auf dem Platz des Aero-Klubs gelandet war, stellten die drei ihn in der Klub-Cafeteria zur Rede und verlangten ihr Geld zurück. Doch da waren sie bei Tanner an den Falschen geraten – seine Geschäfte waren zwar dubios, aber seine Vermögensverwaltungsverträge wasserdicht. Die drei hätten nicht einmal vor Gericht eine Chance gehabt, ihr Geld wieder zu sehen." Die Kommissarin blättert in ihren Protokollen. „Ludger Dellbach, ein ehemaliger Bundeswehrkampfflieger, der jetzt einen Helikopter-Service betreibt. Klaus Gerold, ein Zivilpilot im Ruhestand, der wegen Tanners großartiger Gewinnversprechungen sogar sein Haus verpfändete. Zuletzt noch Dirk Flossmann, der Besitzer der Cafeteria des Aero-Klubs. Er ist passionierter Sportflieger."

„Von den dreien hat wohl jeder die Fachkenntnisse für die tödliche Manipulation", meint der Experte. „Außer dem Fachwissen brauchte der Mörder mindestens zwei Stunden Zeit, weil er verschiedene Teile aus dem Flugzeug ausbauen musste, um an die Steuerung zu gelangen. Das muss am Sonntag zwischen 9 Uhr und 15 Uhr geschehen sein, als Tanners Maschine in dem unbewachten Hangar am Ende des Flugfeldes stand. Denn Sie wissen ja, dass Tanner gegen neun mit seinem Flugzeug aus Hamburg kommend landete – wäre die Maschine zu diesem Zeitpunkt schon manipuliert gewesen, wäre er bei dieser Landung abgestürzt."

„Dann haben wir ja einen Ansatzpunkt", sagt Marlene Kemper und zieht die Zeugenaussagen der drei Verdächtigen aus der Akte.

Ludger Dellbach, der drahtige Kampfflieger, hatte sich über Tanners Tod recht befriedigt gezeigt: „Er hat es verdient. Am Sonntag sagte er mir ganz offen ins Gesicht, dass ich mein Geld abschreiben könne, genau wie Klaus Gerold und Dirk Flossmann auch. Gegen halb zehn habe ich die Cafeteria verlassen. Um zehn habe ich mich zum Dienst im Tower des Flughafens gemeldet. Ich war bis 14 Uhr eingeteilt, aber ich konnte erst um Viertel nach zwei gehen, weil sich meine Ablösung verspätet hatte. Danach habe ich mich umgezogen und meinen Jogginglauf gemacht."

Dass Dellbach von 10 bis 14.15 Uhr im Tower gewesen ist, haben die beiden Angestellten dort bestätigt. Dellbachs Ablösung ist Klaus Gerold gewesen, der zweite Verdächtige. Auf die Frage, warum er eine Viertelstunde zu spät gekommen sei, hat er geantwortet: „Ich musste erst einmal damit fertig werden, dass mein ganzes Geld verloren war. Nachdem Ludger Dellbach gegangen war, verließ auch Cäsar Tanner die Cafeteria, um im Restaurant unten im Dorf etwas zu essen. Ich unterhielt mich bis gegen 12 Uhr mit Dirk Flossmann, weil er ja auch viel Geld verloren hatte. Aber wir fanden keine Lösung für unser Problem. Ich bin danach spazieren gegangen und habe dabei die Zeit vergessen. Deshalb kam ich zu spät in den Tower, um Ludger abzulösen."

Marlene Kemper nimmt sich die letzte Aussage der Akte vor. Dirk Flossmann, der Pächter der Cafeteria, hat zu Protokoll gegeben: „Tanner verließ mein Lokal kurz nach Ludger. Ehe er ging, meldete er noch telefonisch beim Tower seinen Start für 15 Uhr an. Ich unterhielt mich lange mit Klaus Gerold darüber, was wir gegen Tanner unternehmen könnten, aber wir fanden keine Lösung. Gerold ging gegen 12 Uhr, und ich machte in der nächsten

Stunde meine Buchhaltung im Büro. Um ein Uhr kam dann mein Steuerberater. Wir haben dann bis halb vier zusammengesessen."

Marlene hat sich natürlich von der Kellnerin der Cafeteria bestätigen lassen, dass Gerold und Flossmann bis 12 Uhr zusammen gewesen sind. Für die Zeit ab 13 Uhr hat der Steuerberater dem Cafeteriapächter ein Alibi gegeben.

„Was werden Sie jetzt tun?", fragt der Technik-Experte die Kommissarin.

„Mir einen Haftbefehl für den Mörder holen", erklärt Marlene Kemper. „Denn bei einem der Verdächtigen reicht das Alibi nicht aus – und der ist der Mörder."

Wen wird Marlene Kemper verhaften?
Ludger Dellbach, Klaus Gerold oder Dirk Flossmann?

Marlene Kemper verhaftete Klaus Gerold. Nach Aussage des Experten brauchte der Täter zwischen neun und 15 Uhr – der Zeit, in der Tanners Maschine in dem Hangar stand – mindestens zwei Stunden, um das Flugzeug zu manipulieren. Und nur Klaus Gerold war in diesem Zeitraum für zwei Stunden unbeobachtet und ohne Alibi: von 12 bis 14.15 Uhr.

25

Das John-Lennon-Komplott

Marlene Kempers Kollege Nils Krüger sieht demonstrativ auf die Uhr, als er zu der Kommissarin in den Zivilwagen steigt, mit dem sie vorhin zum Tatort in die Kopernikusstraße gekommen sind. „Halb fünf", sagt er. „Eigentlich hätten wir jetzt Feierabend." Er lässt den Motor an. „Und der Fall ist ja eigentlich klar: Bernhard Ohlsen ist hier in seinem Musikinstrumentenladen bei einer Gasexplosion ums Leben gekommen. Können wir Bernhard Hassler nicht morgen besuchen?"

„Es wird nicht lange dauern", meint Marlene Kemper. Seufzend fährt Krüger los, denn er weiß, dass es zwecklos ist, mit Marlene Kemper über den Feierabend zu diskutieren, wenn sich seine Chefin erst einmal etwas in den Kopf gesetzt hat. Der Feierabendverkehr fließt träge, sodass Krüger und Marlene Kemper eine halbe Stunde brauchen, bis sie Bernhard Hasslers Galerie für Video-Kunst und Pop-Art erreichen. In dem hohen Raum sieht die Empfangsdame Marlene Kemper und ihrem Kollegen etwas indigniert entgegen. „Es ist fünf Uhr, wir schließen jetzt!“ sagt sie. „Kommen Sie morgen wieder – die Galerie öffnet um neun Uhr.“

Marlene Kemper zeigt ihren Ausweis. „Herr Hassler erwartet uns“, sagt sie. „Hat er übrigens heute einmal die Galerie verlassen?“

„Er kam um neun, um zu öffnen“, murmelt die Sekretärin und wirft einen Blick auf den Terminkalender. Marlene schaut ihr über die Schulter. „Um Viertel nach elf fuhr er weg und kam kurz vor halb zwölf zurück, weil er hier mit Mister Yoshida verabredet war.“

Hassler ist in seinem Büro, ein Japaner in einem bunten Gewand ist bei ihm. „Das ist Yoshida“, stellt ihn Hassler Marlene Kemper vor. „Wir verhandeln hier seit heute Mittag die Einzelheiten seiner Ausstellung bei mir.“

Der Japaner verbeugt sich. Marlene Kemper wendet sich zu Hassler: „Sie haben mir vorhin am Telefon gesagt, Sie seien heute in Ohlsens Instrumentenladen in der Kopernikusstraße gewesen, um ihm eine Gitarre zur Begutachtung zu bringen.“

Hassler nickt. „Ja – eine Gitarre, die zu Yoshidas Kunstinstallationen gehört und die er mir vor ein paar Tagen schon übergeben hat, damit ich sie versichern lasse. Die Gitarre ist eine ‚Hofner Compensator‘ und hat früher einmal John Lennon gehört.“ Er mustert Marlene Kemper. „Sie haben schon einmal von den Beatles gehört?“

„Flüchtig“, meint Marlene trocken.

Yoshida sagt düster und in fast akzentfreiem Deutsch: „Ich habe Ihnen die Gitarre anvertraut, Mister Hassler, und jetzt ist sie zerstört, zerfetzt bei dieser Explosion in Ohlsens Laden." Yoshida sieht Marlene Kemper an. „War es ein Attentat? Ich hörte im Radio, dass Ohlsen gestorben ist."

„Kein Attentat", beruhigt ihn Marlene. „Ein defekter Gasofen ist explodiert. Die Explosion fand um 13 Uhr statt, sie zerfetzte das gesamte Mobiliar im Laden. Ohlsen selbst starb in dem Feuer, das danach ausbrach."

„Ich hatte Ohlsen Yoshidas John-Lennon-Gitarre kurz vorher vorbeigebracht", erklärt Hassler. „Die Versicherungsgesellschaft, die Yoshidas Kunstwerke während der Ausstellung hier versichern soll, hat ein eigenes Gutachten über den Wert des Instrumentes verlangt. Ohlsen war ein Fachmann auf diesem Gebiet. Als ich dann hier während meines Gespräches mit Yoshida im Radio von der Explosion in Ohlsens Laden hörte, habe ich natürlich sofort bei der Polizei angerufen, um genau zu erfahren, was passiert ist." Er sieht Marlene Kemper an. „Und Sie waren ja dann auch so freundlich, mich zurückzurufen und jetzt noch vorbeizukommen. Sicher haben Sie bereits Feierabend."

„Noch nicht", sagt Marlene Kemper. Sie mustert das Transistorradio auf dem Büroschrank neben Hasslers Schreibtisch und wendet sich an Yoshida. „Sie waren hier, als Hassler die Meldung von der Explosion im Radio hörte?"

Yoshida nickt. „Ich bin seit halb zwölf hier mit Hassler zusammen", sagt er. „Nach der Radiomeldung wurde Hassler blass und stotterte, dass dies genau der Laden gewesen sei, bei dem er die Gitarre am Vormittag abgegeben habe. Ich habe ihn dann sofort gebeten, die Polizei zu verständigen. Haben Sie noch Reste der Gitarre gefunden? Das Instrument ist eine halbe Million Euro wert. Und es gibt Sammler, die würden einen Mord begehen, um es zu besitzen."

Marlene Kemper lächelt Hassler kühl an. „Nun, einen Mord haben Sie zwar nicht begangen, Herr Hassler, aber Sie haben Yoshida und uns vorgelogen, dass Sie die Gitarre zu Ohlsen gebracht hätten, nachdem Sie im Radio von der Explosion hörten. In Wirklichkeit ist die Gitarre aber noch hier, nicht wahr?"

Was ist Marlene Kemper aufgefallen?

Marlene Kemper und Krüger brauchten mit dem Wagen von Ohlsens Laden zu Hasslers Galerie eine halbe Stunde. Hassler hatte die Gitarre angeblich am Vormittag vor Yoshidas Besuch zu Ohlsen gebracht – aber er war laut Aussage der Sekretärin nur von 11.15 Uhr bis 11.30 Uhr außer Haus – unmöglich, in dieser Zeit zu Ohlsen hin- und wieder zurückzufahren.

26

Die Todesdrohung

Marlene Kemper hält sich im Hintergrund, während Theo Dreesen seine Radiosendung macht. In „Theo's Midnight-Show“ zwischen Mitternacht und ein Uhr kann jeder Hörer anrufen und sich mit ihm unterhalten. In den drei Jahren, in denen Theo diese Sendung nun schon macht, hat er sich einen Ruf als verständiger Zuhörer erworben. Von seinen Fans wird Theo deshalb verehrt – und von seinen Gegnern als Plaudertasche verteufelt, die aus den Sorgen anderer Menschen Kapital schlägt.

„Der Anrufer hat Theo gestern gedroht“, flüstert der Aufnahmeleiter Günter Henrici Marlene Kemper zu. „Es war ein Mann – er rief ganz offensichtlich von einem Handy an, und er sagte: ‚Theo, ich werde dich bald umbringen!‘ Deshalb haben wir uns auch an die Polizei gewandt.“

Marlene Kemper kennt Theo Dreesen flüchtig, seit sie einmal mit ihm zu tun hatte, weil ein flüchtiger Mörder sich in seiner Sendung gemeldet hatte. Sie ist damals mit ihm im Studio gewesen, und gemeinsam ist es ihnen gelungen, den Mörder bei seinem zweiten Anruf dazu zu bewegen, sich zu stellen.

Max Stern, der drahtige, sonnenbankgebräunte Tontechniker, bedient an seinem Pult gelassen die zahlreichen Regler und scheint von der gespannten Atmosphäre nichts mitzubekommen. An zwei Spezialtelefonen sitzen Markus Pramman und Lothar Wiegmann, zwei Psychologie-Studenten, die die eingehenden Anrufe sortieren und nach einem kurzen Vorgespräch entscheiden, wer zu Theo Dreesen ins Studio durchgestellt wird. Gerade hat Dreesen das Gespräch mit einem Anrufer beendet. Max Stern spielt einen Musiktitel ein, und Theo Dreesen drückt seine Sprechtaste, um mit dem Aufnahmeraum Kontakt aufzunehmen. „Hallo, Frau Kommissarin!“, kommt seine Stimme aus dem Lautsprecher. Marlene registriert, wie die beiden Studenten sich einen überraschten Blick zuwerfen. „Ich danke Ihnen, dass Sie gekommen sind“, meint Theo Dreesen. „Aber ich denke, Henrici war wieder einmal übervorsichtig. Mit solchen Drohungen lebe ich von Anfang an, und bisher ist niemals etwas geschehen.“

Max Stern erhebt sich und verlässt den Regieraum. Marlene drückt die Sprechtaste an Sterns Pult, damit Theo sie hören kann, und meint: „Trotzdem habe ich für heute Personenschutz für Sie organisiert. Unten wartet mein Kollege, Kommissar Krüger. Er wird Sie nach der Sendung heimfahren.“

Theo grinst. „Zu viel der Ehre, Frau Kommissarin!“

Max Stern kommt zurück, kurz bevor der Musiktitel zu Ende ist. Markus Pramman hebt die Hand. „Ich habe einen interessanten Anrufer!“

Der Tontechniker nickt und schaltet den Anrufer zu Theo Dreesen ins Studio. Es ist eine Frau, die über ihre Scheidung reden will. Markus Pramman gähnt, dann nickt er Lothar Wiegmann neben sich zu und geht hinaus. Auch Max Stern hält es nicht an seinem Mischpult. „Magenprobleme“, flüstert er Henrici hektisch zu, ehe er hinausstürzt.

Henrici nimmt Sterns Platz am Mischpult ein. Theo Dreesen beendet gerade das Gespräch mit der Frau, und Lothar Wiegmann hebt die Hand. „Ein neuer Anrufer. Er sagt, er hat ein großes Problem, das er nur mit Theo allein besprechen möchte.“

Henrici schaltet das Gespräch ins Studio. „Hallo Theo!“, sagt eine heisere, verzerrte Stimme. „Noch lebst du, aber bald bist du tot. Da nutzt dir auch der Kommissar nichts, der dich heute beschützen soll!“

Es klickt. Der Anrufer hat aufgelegt. Henrici reagiert schnell und spielt Musik. Dann sieht er Marlene Kemper besorgt an. „Mein Gott ... der Mann weiß, was wir hier eben besprochen haben. Es muss ...“

„... jemand aus dem Team hier sein, der Theo bedroht“, nickt Marlene. „Jemand, der eben hinausgegangen ist, um von seinem Handy hier anzurufen.“

Henrici schluckt. „Pramman ist draußen“, sagt er. „Und Max Stern. Wer von den beiden ist es?“

„Aber das ist doch ganz klar!“, erklärt Marlene. Die Tür geht auf. Max Stern und Markus Pramman kommen zurück ins Studio. „Markus!“, sagt Marlene zu Pramman. „Sie sind der Droh-Anrufer!“

Was ist Marlene Kemper aufgefallen?

Der Droh-Anrufer erwähnte den „Kommissar", den Marlene Kemper als Personenschutz für Dreesen abgestellt hatte. Das konnte Max Stern nicht wissen, weil er zu der Zeit, als Marlene mit Dreesen über den Personenschutz durch Kommissar Krüger gesprochen hatte, nicht im Studio gewesen war. Pramman dagegen war zu diesem Zeitpunkt anwesend und bekam diese Information natürlich mit.

27

Prost, Frau Kommissarin!

Marlene Kemper betritt „Danny's Pub" und schiebt mit der Schuhspitze die Papiergirlanden auf dem Boden beiseite. In der Tür hängt noch ein Schild: „Freitag geschlossen, Privatgesellschaft!" Es ist früh am Samstagmorgen; in dem Lokal riecht es nach kaltem Rauch. „Fünf Jahre Boxklub Eiserne Faust" verkündet ein Plakat über der kleinen Bühne neben der Kellertür.

„Dannys Pub" ist noch eine der guten alten Eckkneipen, die nicht durch Knebelverträge an eine Brauerei gebunden sind. Die Einrichtung ist rustikal und ohne den üblichen Schnickschnack der Erlebnisgastronomie. Dafür hat „Danny's Pub" aber einen ganz speziellen Ruf in der Stadt. Hinter dem Tresen zählt Margret Petersen, die Frau des Wirtes, das Geld in der Kasse und trägt die Einnahmen in ihr Buchhaltungsjournal ein. „Danny ist im Keller!“, mault sie, als sie Marlene Kemper erkennt. „Und ich hab’ zu tun. Sie sehen ja, dass wir hier gestern eine große Privatgesellschaft hatten.“

Marlene Kemper bahnt sich ihren Weg durch die Girlanden. „Den Boxklub Eiserne Faust?“

„Ihre Jubiläumsfeier. 15 Mann, von gestern Abend acht Uhr bis heute früh um zwei.“

„Dann stimmen sicher auch die Einnahmen.“ Marlene greift nach Margrets Kassenbuch. „Donnerstag: 1200 Liter Pils geliefert, 500 Euro bar gegen Quittung bezahlt“ steht da. „Freitag: Jubiläum Boxklub 15 Gäste. Einnahmen Getränke 580 Euro, Einnahme Lokalmiete: 60 Euro.“

Marlene gibt das Buch zurück. „Dann werde ich mal ein paar Worte mit deinem Mann wechseln.“ Sie spürt Margrets Blick im Rücken, als sie in den Bierkeller hinuntersteigt. Hier ist es kühl und trocken, so kühl und trocken, wie es sein muss, wenn man Bier lagert. Danny Petersen reinigt gerade die Leitungen der Zapfanlage. Der massige Ex-Boxer wirkt etwas übernächtigt, was Marlene der Festivität der „Eisernen Hand“ zuschreibt.

„Wollen Sie den Jungs vom Boxklub wieder etwas anhängen?“, fragt Danny angriffslustig, als er die Kommissarin sieht.

Marlene Kemper schaut sich um. „Gestern wurde gegen 21 Uhr das Spielcasino draußen auf der Waldburg überfallen. Eine generalstabsmäßig geplante Aktion – maskierte und bewaffnete Männer stürmten hinein, hielten die Gäste in Schach, raubten Geld und Schmuck. Insgesamt waren etwa ein Dutzend Männer daran beteiligt. Ich finde, das sieht doch ganz nach dem ‚Boxklub Eiserne Hand‘ aus, nicht wahr?“

„Die haben hier gestern gefeiert und sich sinnlos betrunken“, erklärt Danny. „Sie waren allesamt hier, dafür lege ich meine Hand ins Feuer.“

„Verbrenn dich dabei nur nicht“, mahnt Marlene. „In dem Boxklub haben sich 15 Ganoven hier aus der Gegend zusammengefunden, und immer wenn wir einen von ihnen im Verdacht haben, ein Ding gedreht zu haben, liefern ihm seine Klubkollegen ein Alibi: mal eine Vereinsfeier, mal eine Trainingsveranstaltung und so weiter. Deshalb gebe ich nichts darauf, dass du jetzt dem ganzen Boxklub ein Alibi gibst, Danny. Du bist schließlich der Bruder von Kalle Petersen, dem ersten Vorsitzenden der ‚Eisernen Hand‘.“

Danny holt ein leeres Glas von einem Regal und zapft aus dem großen 1200-Liter-Biertank ein Pils. „Trinken Sie erst einmal eins, Frau Kommissarin“, sagt er jovial. „Das bringt Sie auf andere Gedanken!“

Marlene nippt an dem Bier und wartet auf die anderen Gedanken.

Unterdessen schraubt Danny den Deckel des Biertankes ab und kontrolliert die Kohlensäurezuführung. Das Bier steht bis fast an den oberen Rand des Tanks. Marlene sieht Danny eine Weile zu, dann fragt sie: „Du und Margret, ihr bleibt also dabei, dass der ganze Boxklub gestern hier war?“

„Weil es die Wahrheit ist!“, sagt Danny. „Haben Sie denn nicht das Chaos oben gesehen? Margret und ich müssen jetzt noch alles sauber machen, wenn wir pünktlich um 11 Uhr öffnen wollen.“

Marlene trinkt ihr Pils aus. Das Bier hat sie tatsächlich auf andere Gedanken gebracht. Bloß werden die Danny gar nicht gefallen. „Daraus wird wohl nichts“, sagt sie zu dem Wirt. „Denn ich nehme dich jetzt fest, weil du deine

Kneipe für das falsche Alibi des Boxklubs einfach nur hergerichtet hast.“

Was ist Marlene aufgefallen?

Am Tag vor der angeblichen Feier waren erst 1200 Liter Bier geliefert worden, am Tag nach der Feier sah Marlene den 1200-Liter-Tank im Keller noch fast voll. Unwahrscheinlich, dass 15 Männer bei einer stundenlangen Feier nur ein paar Liter Bier getrunken haben.

28

Mord in der Bank

Der stellvertretende Zweigstellenleiter der Bank heißt Däubner, und er empfängt Kommissarin Marlene Kemper mit einem gequälten Lächeln.

„Ich habe die Leiche entdeckt“, sagt er, während er das Scherengitter am Bankeingang zur Seite schiebt. „Es ist Herr Erler, unser Zweigstellenleiter.“

Die Männer der Spurensicherung sind vorhin schon durch den Hintereingang hereingekommen und arbeiten bereits in der Schalterhalle. Aus einem der Büros an der Hinterseite des Raumes kommt der Kommissarin der Gerichtsmediziner entgegen. „Ein Schuss aus kurzer Entfernung, direkt ins Herz“, sagt er ungewöhnlich kurz angebunden. „Tatzeit gestern Abend zwischen 18 und 19 Uhr.“

Marlene Kemper betritt das Büro, knabbert nachdenklich an ihrem Pfefferminzbonbon, während sie sich umsieht. Dieter Erler liegt neben seinem Schreibtisch auf dem Boden – hier im Büro ist es nur Linoleum, während die Schalterhalle draußen mit Nadelfilz ausgelegt ist.

Der Schreibtisch des Toten ist penibel aufgeräumt. In der Federschale liegen nur ein Bleistift und die beiden Teile eines zerbrochenen Sicherheitsschlüssels. Eine einzige Akte liegt auf der Schreibunterlage.

Es ist das Kontoblatt für das Wertpapierdepot einer Frau Elisabeth Bergmann. Die verschiedenen Orders für Aktienkäufe und -verkäufe sind vom zuständigen Anlageberater abgezeichnet. Marlene Kemper entziffert den Namen: Demming.

Als Marlene wieder aus dem Büro kommt, stellt Vizedirektor Däubner ihr Rosemarie Demming und Bernd Hölderlin vor. Rosemarie Demming, die Wertpapierberaterin der Zweigstelle, ist eine attraktive Blondine mit großen, weit auseinander stehenden Augen. Bernd Hölderlin, der Kassierer, fällt eher in die Kategorie „graue Maus“: grauer Anzug, grauer Schlips, graues Gesicht.

Rosemarie Demming bestätigt, dass Max Däubner heute Morgen pünktlich um neun Uhr den Hintereingang der Bank aufgeschlossen hat, wo sie und Hölderlin auf ihn gewartet haben. Gemeinsam sind die drei in die Bank hineingegangen. „In Herrn Erlers Büro brannte Licht“, fährt Rosemarie Demming fort. „Und als Herr Däubner nachsah, fand er ihn …“

„Erler hat gestern Überstunden machen wollen“, erklärt Däubner sofort. „Als ich um fünf ging, saß er noch am Schreibtisch. Frau Demming war zu dem Zeitpunkt ebenfalls noch hier.“

„Ich bin später auch gegangen", sagt Rosemarie Demming. „Gegen halb sechs etwa. Erler war dann allein in der Filiale."

„Ist es möglich, dass er dann noch jemanden hereingelassen hat?", fragt Marlene Kemper.

Hölderlin schüttelt den Kopf. „Nein. Das ist gegen die Bestimmungen, und Erler war jemand, der Bestimmungen sehr genau nahm." Der Kassierer zögert, dann meint er: „Ich weiß, dass Sie keine Einbruchsspuren gefunden haben. Sie vermuten wahrscheinlich, dass einer von uns … der Mörder ist?"

„Vielleicht", sagt Marlene Kemper unverbindlich. „Wer hat einen Schlüssel zu den Eingangstüren?"

„Jeder von uns", sagt Max Däubner sofort. „Herr Hölderlin, Frau Demming und ich. Nur warten die beiden gewöhnlich morgens auf mich, bis ich komme und aufschließe."

Ehe die Kommissarin ihre nächste Frage stellen kann, nimmt Rosemarie Demming sie zur Seite. „Ich muss Sie sprechen!"

***

Die Wertpapierberaterin zieht Marlene Kemper in ein leeres Büro. „Ich will ehrlich sein", sagt sie leise. „Es gab gestern eine längere Unterredung zwischen mir und Erler. Er hatte herausgefunden, dass ich einmal Geld aus dem Depot von Frau Bergmann veruntreut habe."

Marlene hebt erstaunt eine Augenbraue. „Und weiter?"

„Ich war damals in einer Notlage", fährt Rosemarie Demming fort. „Mein Bruder musste operiert werden …" Sie strafft sich. „Später habe ich das Geld wieder in das Depot von Frau Bergmann eingezahlt; sie hat keinen

Schaden erlitten. Aber Erler ist bei einer Routineüberprüfung dahinter gekommen und hat mich gestern deshalb zur Rede gestellt. Als ich ihm alles erklärte, war er bereit, Gnade vor Recht ergehen zu lassen und zu schweigen. Seine Bedingung war nur, dass ich freiwillig kündigte."

„Wann genau haben Sie gestern mit ihm gesprochen?", fragt Marlene Kemper.

„Wie gesagt – gegen fünf Uhr, kurz vor Feierabend. Hölderlin war schon gegangen, weil er wieder eine von seinen Verabredungen hatte." Sie zögert. „Aber Herr Däubner kann das zum Teil bestätigen, weil Erler sich aus dem Stahlschrank in Däubners Büro Frau Bergmanns Akte holte. Nach unserem Gespräch hat Erler die Akte dann wieder in den Stahlschrank eingeschlossen. Dabei ist ihm sein Schlüssel abgebrochen. Zu dieser Zeit war Herr Däubner allerdings schon nicht mehr da. Er hat pünktlich um fünf die Bank verlassen."

„Und wann gingen Sie?"

Die Anlageberaterin überlegt. „Ich blieb noch ein bisschen und räumte meinen Schreibtisch aus. Es muss gegen halb sechs gewesen sein, als ich ging. Heute Morgen wollte ich Erler meine Kündigung geben." Sie zieht einen Brief aus ihrer Handtasche und reicht ihn Marlene Kemper. Es ist in der Tat Rosemarie Demmings Kündigungsschreiben.

Ein Detail in der Aussage der Wertpapierberaterin ist Marlene Kemper aufgefallen. „Erlers Schlüssel zum Stahlschrank brach also erst ab, nachdem er Frau Bergmanns Akte wieder eingeschlossen hatte?", fragt sie.

Rosemarie Demming nickt. „Ja, es ist beim Abschließen passiert. Er hat den abgebrochenen Teil des Schlüssels aus dem Schloss gezogen, aber der Schrank war verschlossen." Sie schaut die Kommissarin unsicher an. „Sie sollten vielleicht auch wissen, dass Erler vor drei Jahren Herrn Däubner bei der Direktion gemeldet hat", sagt sie dann. „Däubner sollte Zweigstellenleiter werden, aber er hatte eine Menge Schulden. Erler war eben sehr gewissenhaft."

***

Als Marlene Kemper mit Rosemarie Demming aus dem Büro kommt, unterhalten sich Hölderlin und Däubner aufgeregt.

„Ich bin jetzt der Chef", sagt Däubner gerade. „Und ich sage, dass es bei der Anordnung bleibt, die Erler getroffen hat!"

„Das werden wir ja noch sehen!", erregt sich Hölderlin.

„Autoritätsprobleme?", fragt Marlene mit einem zuckersüßen Lächeln. „Worum geht es denn?"

„Erler hat gestern die Rückversetzung Hölderlins in die Zentrale beantragt", schnaubt Däubner. „Ihm passte Hölderlins Schürzenjägerei nicht. Er kümmerte sich mehr um die Kundinnen als um seine Kasse."

„Wann hat Ihnen Erler das gesagt?", erkundigt sich Marlene bei Hölderlin.

„Gestern um halb fünf Uhr, als ich ihm die Tagesabrechnung brachte", erwidert Hölderlin. „Ich bin danach sofort gegangen, weil ich um fünf eine Verabredung hatte. Es wäre ohnehin zwecklos gewesen, mit einem Paragrafenreiter wie Erler irgendetwas zu diskutieren."

„Wenn Sie um fünf eine Verabredung hatten, dann werden Sie ja hoffentlich ein Alibi für die Zeit bis etwa 19 Uhr haben", sagt Marlene Kemper.

Doch Hölderlin macht ein zerknirschtes Gesicht. „Leider nein. Meine … Verabredung hat mich versetzt."

Marlene Kemper sieht sehr wohl Däubners spöttisches Grinsen, das erst verschwindet, als sich herausstellt, dass auch der Vizedirektor kein Alibi hat: Er sagt zwar, dass er gegen sieben zu Hause gewesen sei, doch weil er allein lebt, gibt es niemanden, der das bestätigen kann.

„Dann zeigen Sie mir doch mal den Stahlschrank in Ihrem Büro!“, meint Marlene. Sie folgt Däubner in sein Büro. Ein hoher Stahlschrank steht neben der Tür.

„Hier werden die Unterlagen über die Wertpapierdepots aufbewahrt?“, fragt die Kommissarin, und als Däubner nickt, erkundigt sich Marlene: „Wer hat einen Schlüssel für diesen Schrank?“

„Nur Erler und ich. Wenn Frau Demming eine Akte brauchte, musste sie sie sich von uns geben lassen. Somit hatten Erler und ich ...“

„... immer die volle Kontrolle“, nickt Marlene. Das hat sie an Banken schon immer geschätzt: das strenge Hierarchiedenken. „Sie wissen, was Erler gestern mit Frau Demming besprochen hat?“, fragt sie.

Däubner hebt die Schultern. „Erler hat sich die Akte von Frau Bergmanns Wertpapierdepot aus dem Schrank geholt. Und später habe ich Worte wie ‚Unterschlagung‘ und ‚Kündigung‘ aus seinem Büro gehört.“

Kommissarin Marlene Kemper geht noch einmal in Erlers Büro, um die Atmosphäre zu spüren, in der Erler ermordet worden ist. Ein penibler Bankangestellter, dem offenbar Vorschriften über alles gegangen sind. Sein ordentlicher Schreibtisch ist dabei der beste Zeuge seines Wesens – leergeräumt, nur ein Bleistift und der zerbrochene Sicherheitsschlüssel in der Federschale, dann noch eine Kundenakte. Keine Blumen oder Familienfotos, nicht einmal ein Kaffeebecher oder irgendein anderer persönlicher Gegenstand. Marlene Kemper seufzt und geht zurück in die Schalterhalle, um den Mörder von Dieter Erler zu verhaften.

Wen wird sie festnehmen?

Rosemarie Demming, Bernd Hölderlin oder Max Däubner?

Max Däubner ist der Mörder von Dieter Erler. Er kehrte zwischen 18 und 19 Uhr in die Bank zurück, um Erler zu erschießen, weil dieser seinerzeit seine Beförderung zum Zweigstellenleiter vereitelt hatte. Nach der Tat versuchte Däubner den Verdacht auf Rosemarie Demming zu lenken, indem er die Wertpapierakte von Frau Bergmann aus dem Stahlschrank holte und wieder auf Erlers Schreibtisch legte. Er hatte Teile des Gespräches zwischen Erler und Frau Demming gehört und wusste, dass die Wertpapierberaterin wegen ihrer Unterschlagung in Verdacht geraten würde.
Was Däubner allerdings nicht wusste: Erlers Schlüssel zum Stahlschrank mit den Akten war abgebrochen, sodass Erler die Akte Bergmann gar nicht mehr hätte herausholen können, nachdem er sie vor Rosemarie Demmings Augen eingeschlossen hatte. Und da außer Erler nur noch Däubner einen Schlüssel zu dem Schrank hatte, kam nur er als Täter in Frage.

29

Verabredung im Bootshaus

Das fahle Mondlicht gibt dem Bootshaus etwas Unheimliches. Kommissarin Marlene Kemper stößt die Tür auf und lässt ihre Taschenlampe aufflammen. Das schnittige Motorboot dümpelt im Wasser. Rechts steht eine kleine Werkbank, links hängen Taue und Teile der Bootsausrüstung an der Holzwand. Nichts deutet mehr darauf hin, dass vor wenigen Stunden auf der linken Seite noch die Leiche von Martin Kempke gehangen hat, aufgeknüpft an einem Tau, das um einen der Deckenbalken geschlungen war. Der Gärtner hatte den toten Immobilienspekulanten am Vormittag entdeckt und die Polizei gerufen. Gegen Mittag waren dann die ersten Untersuchungen der Mordkommission abgeschlossen, die Leiche ins Rechtsmedizinische Institut und das Tau zur Untersuchung in die Kriminaltechnik gebracht.

Von ihrem Büro aus hat Marlene Kemper sich auf die Suche nach Carolin Kempke gemacht, der Frau des Toten. Nach der Aussage des Gärtners und der Nachbarn ist sie vor einer Woche nach einem Streit aus Kempkes Haus ausgezogen. Marlene hat Carolin schließlich nach etlichen Anrufen bei ihrer Schwester in Süddeutschland aufgespürt.

„Ihr Mann ist tot“, hat sie ihr am Telefon nur gesagt. „Man hat ihn erhängt im Bootshaus gefunden. Bitte kommen Sie sofort zurück.“

„Ich komme“, hat Carolin nur erwidert. „Gegen Mitternacht werde ich dort sein.“

Marlene Kemper betrachtet gerade den kleinen Hocker, den man umgestürzt anderthalb Meter von Kempkes Leiche entfernt auf dem Holzboden des Bootshauses entdeckt hatte. Wie es scheint, hat Kempke ihn benutzt, um sich zu erhängen. Marlene stellt den Hocker nach rechts und setzt sich darauf. Draußen fährt ein Wagen vor. Gleich darauf betritt eine kräftige, sportliche Frau im eleganten Lederkostüm das Bootshaus. Carolin Kempke ist mit ihren einsachtzig mindestens zehn Zentimeter größer gewesen als ihr verstorbener Mann. Marlene Kemper schätzt sie auf ungefähr 75 Kilo, damit ist sie auch kräftiger als ihr Gatte gewesen, und – das ist bei Marlene ein ganz routinemäßiger Gedanke – somit auch in der Lage, ihn möglicherweise hochzuheben und seinen Kopf in eine Schlinge zu stecken.

„Danke, dass Sie gekommen sind.“ Marlene Kemper zeigt ihren Dienstausweise, doch Carolin Kempkes Blick gilt eher dem nagelneuen Hosenanzug, für den Marlene Kemper gestern fast ein ganzes Monatsgehalt ausgegeben hat.

„Hier ist es passiert?“, fragt Carolin schließlich.

Marlene nickt nur und schätzt Carolins Lederkostüm auf etwa zweieinhalb Monatsgehälter.

Carolin sieht sich um. „Er hat in letzter Zeit oft von Selbstmord gesprochen“, sagt sie. Sie geht nach links und schaut zum Deckenbalken hoch. „Schrecklich!“ Sie schüttelt sich. „Sie sagen, er hat sich erhängt?“

„So sollte es aussehen“, meint Marlene. „Aber er wurde umgebracht!“

Carolin sieht die Kommissarin wortlos an. Wahrscheinlich fragt sie sich, von welchem Coiffeur Marlenes schicke neue Kurzhaarfrisur stammt, die sich die Kommissarin gestern noch zum Hosenanzug geleistet hat. Es ist auch etwas Abwartendes in Carolins Blick.

Marlene Kemper deutet auf den Hocker. „Der lag zu weit von seinen Füßen entfernt auf dem Boden, als dass er ihn bei einem Selbstmord hätte benutzen können“, sagt sie. „Ein Schönheitsfehler, den der Täter sich geleistet hat.“

„Der Täter …“, murmelt Carolin. „Haben Sie schon einen Verdacht?“

„Sie sollen zerstritten gewesen sein“, meint Marlene. „Ihr Mann wollte sich scheiden lassen, sagt man. Dann hätten Sie ohne einen Pfennig dagestanden.“

„Unsinn“, erwidert Carolin. „Ich war nicht hier, als er starb. Ich war in Süddeutschland.“

„Von dort bis hierher sind es nur vier Stunden mit dem Auto“, sagt Marlene Kemper. „Sie hätten gut herkommen und ihn töten können. Was für einen Wagen fahren Sie?“

„Einen Roadster.“

Natürlich, denkt sich Marlene. Sicher farblich passend zum Kostüm.

„Ich war nicht hier“, wiederholt Carolin. „Ich habe meinen Mann zuletzt vor einer Woche gesehen, als ich ihn verließ. Wir hatten seitdem keinen Kontakt mehr. Das Erste, was ich wieder von ihm hörte, war durch Ihren Anruf."

„Sie lügen!", meint Marlene Kemper. „Sie waren hier, um ihn umzubringen und den Mord als Selbstmord zu kaschieren."

Was ist Marlene Kemper aufgefallen?

Obwohl die Kommissarin Carolin Kempke am Telefon nur gesagt hatte, dass ihr Mann erhängt gefunden worden war, machte Carolin bei ihrer Ankunft im Bootshaus sofort die richtige Stelle aus, an der der Tote gefunden worden war – nämlich die linke Seite.

30

Mord ist eine Kunst für sich

„Ich bin ums Haus herum gegangen und habe die Terrassentür offen gefunden“, sagt der Mann im grünen Lodenmantel zu Kommissarin Marlene Kemper. „Im Wohnzimmer lag Herr Becker dann. Die Schusswunde in seiner Brust ist ja deutlich zu sehen. Deshalb habe ich gleich die Mordkommission angerufen.“

Der Mann im grünen Lodenmantel heißt Walter Hubertsen und hat sich als vereidigter Kunstsachverständiger und Kurator des Städtischen Museums ausgewiesen. Auf Kommissarin Marlene Kemper macht er einen durchaus zuverlässigen Eindruck. Zudem hat der Polizeiarzt festgestellt, dass Günter Becker schon gestern Abend gegen 22 Uhr erschossen worden ist, und zu dieser Zeit hat sich der Kurator nachweislich auf einem Empfang des Bürgermeisters aufgehalten.

Hubertsen zieht einen schmalen Umschlag aus der Manteltasche. „Ich wollte Becker das Gutachten bringen", erklärt er. „Er hat ein Gemälde gekauft – einen alten Italiener, der angeblich von einem Schüler Raffaels stammte. Ich sollte eine Expertise über das Bild abgeben. Vorgestern war ich hier, habe es mir angesehen, eine kleine Leinwandprobe aus der rechten unteren Ecke genommen und ein paar Polaroidbilder gemacht."

„Und?", fragt Marlene Kemper. „War das Bild echt?"

„Leider nicht", erwidert Hubertsen und tippt die Polaroids des Bildes. „Eine moderne Fälschung. Ich habe die Untersuchung gestern gegen 20 Uhr abgeschlossen und Becker telefonisch von dem Ergebnis benachrichtigt. Vorhin, als ich ihn fand, wollte ich das schriftliche Gutachten vorbeibringen."

Hubertsen sieht sich in dem Wohnraum um und deutet auf eine helle Fläche an der Wand. „Da hat das Bild gehangen", erklärt er. „Anderthalb mal zwei Meter groß. So ein Bild kann doch nicht einfach verschwinden!"

Es ist auch nicht verschwunden, wie die Kommissarin bald darauf feststellt. Günter Beckers Telefonkartei ist auf einer Seite aufgeschlagen, auf der nur eine einzige Nummer steht: die von Malte Hambach, dem angesehenen Galeristen.

In Hambachs Kunstsalon findet die Kommissarin dann auch kurz darauf das Bild – eine Madonna mit Kind. Marlene vergleicht das Bild mit den Polaroids aus Hubertsens Gutachten. Als die Kommissarin dem Galeristen vom Tod seines Kunden berichtet, streicht sich Hambach nervös seine blonde Mähne zurück. „Erschossen, wie schrecklich!", murmelt er. „Nun wird die Sache mit dem gefälschten Bild noch peinlicher. Becker hat mich gestern gegen halb neun Uhr angerufen und mich beschimpft, dass ich ihm eine Fälschung verkauft hätte. Er war gar nicht zu beruhigen, obwohl ich ihm versprochen habe, das Geschäft zu annullieren. Er wollte mich wegen Betrugs verklagen! Daraufhin habe ich mich sofort in meinen Wagen gesetzt und war kurz vor zehn bei ihm und habe das Gemälde wieder mitgenommen. Eine Klage hätte mich geschäftlich ruinieren können. Ich war sehr wütend auf Becker."

„Haben Sie ein Alibi für die Zeit um 22 Uhr?"

„Nein. Da war ich schon wieder auf dem Heimweg", erklärt Hambach.

Marlene überlegt, ob Malte Hambach vielleicht Becker umgebracht hat, um einen Skandal wegen des gefälschten Bildes zu vermeiden. Doch dann sagt sie sich, dass der Galerist in diesem Fall sicher nicht so offen über die Fälschung und seine Probleme damit reden würde.

„Da kommt Beckers Sohn Robert!" Der Galerist deutet durch die Schaufensterscheibe auf einen schlaksigen jungen Mann, der gerade aus einem Wagen steigt. Robert Becker kommt herein und begrüßt Hambach mit Handschlag.

„Ich freue mich, dass Sie sich für meine Bilder interessieren", sagt er.

Kommissarin Marlene Kemper weiß aus den Klatschspalten der Zeitung, dass Robert, einziger Sohn des wohlhabenden Bankiers Günter Becker, sich als Maler versucht – zwar mit einigem Aufsehen, aber letztlich doch ohne größeren Erfolg.

Der junge Mann nimmt die Kommissarin kaum zur Kenntnis. Er ist vielmehr fasziniert von der gefälschten Madonna mit Kind.

„Hat Ihnen der alte Herr das falsche Ding zurückgegeben?“, fragt er Hambach mit einem Grinsen. „Dabei war es doch sein ganzer Stolz!“

Marlene Kemper hält es für an der Zeit, sich einzumischen. Sie zeigt ihren Ausweis und teilt Robert den Tod seines Vaters mit.

„Er ist erschossen worden?“ Robert wirkt nicht gerade erschüttert. „Wann ist das passiert?“

„Gestern, gegen 22 Uhr“, erwidert die Kommissarin. „Wann haben Sie ihn zum letzten Mal gesehen?“

„Als er mich enterbte“, sagt Robert kühl. „Das war vor einem Monat. Er hat mich zu sich zitiert – es stand nämlich eine nicht gerade schmeichelhafte Kritik über eine Ausstellung von mir in der Zeitung. Ich sollte nach seinem Tode nicht sein schwer verdientes Geld verprassen, sondern einen anständigen Beruf lernen.“

„Sie haben seitdem keinen Kontakt mehr zu Ihrem Vater gehabt?“, fragt Marlene. „Haben Sie ihn vielleicht noch einmal angerufen?“

„Nein“, knurrt Robert. „Wir hatten uns wirklich nichts mehr zu sagen.“

„Wo waren Sie gestern gegen 22 Uhr?“

„In meinem Atelier am Rathausmarkt. Ich habe gemalt.“

„Wer könnte denn Ihrer Meinung nach ein Motiv gehabt haben, Ihren Vater zu töten?“

Robert überlegt kurz. „Diana Brand vielleicht“, sagt er dann. „Sie ist seine letzte Freundin. Nach dem Tod meiner Mutter hat mein alter Herr wohl etwas nachholen wollen. Diana hat das ganz geschickt ausgenutzt. Ihr gehört eine Butike, und er hat ihr Geld für den Ausbau geliehen. Als er erkannte, dass sie ihm ihre Liebe nur vorspielte, hat er den Kredit gekündigt. Das war seine Art von Rache!“

„Wann hat er sich von ihr getrennt?“, fragt Marlene.

„Vor zwei oder drei Monaten“, erwidert Robert. „Wenn Sie sie sprechen wollen – sie hat ihren Laden in der Schubertgasse 13.“

***

Diana Brand ist Mitte 30, blond, langbeinig und in Marlenes Augen genau der Typ, der älteren Herren hilft, etwas nachzuholen. In der teuer eingerichteten Butike in der Innenstadt gibt es im Moment keine Kunden. Kommissarin Marlene Kemper und die Blondine sind also ungestört.

Auf die Nachricht von Beckers schrecklichem Ende reagiert Diana Brand mit unterkühltem Entsetzen. „Wer hätte das gedacht, dass Günter einmal ermordet werden wird?“, flüstert sie.

„Sie sind im Streit mit ihm auseinander gegangen?“, tastet sich die Kommissarin behutsam vor. „Es soll um Geld gegangen sein.“

„Um genau 100000 Euro!“, sagt Diana, plötzlich ganz Geschäftsfrau. „Als wir noch befreundet waren, hat er mir das Geld geliehen. Aber dann hat er den Kredit gekündigt und mich damit an den Rand des Ruins gebracht.“

Die Kommissarin sieht sich in der Butike um und genehmigt sich ein Pfefferminzbonbon. „Aber dann haben Sie sich offensichtlich doch irgendwie retten können.“

„Es gibt auch noch andere Männer hier in der Stadt, die einer Frau gerne helfen“, erklärt Diana Brand. „Und das hat Günter am meisten geärgert: Dass ich trotz seines hinterhältigen Verhaltens nicht Pleite gemacht habe. Er hat mich bei meinen Geschäftspartnern verleumdet, hat mir Steine in den Weg gelegt, wo er nur konnte. Aber ich habe mich behauptet.“

Trotzdem klingt bei ihren Worten so etwas wie Verbitterung durch. Ist diese Verbitterung vielleicht irgendwann einmal in Hass umgeschlagen? überlegt die Kommissarin und zerknackt ihr Pfefferminzbonbon. In einen tödlichen Hass? Sie fragt die blonde Diana nach ihrem Alibi.

„Ich habe die Abrechnung gemacht“, erklärt sie. „Hier allein im Laden – bis gegen Mitternacht.“

„Wann sahen Sie Becker zuletzt?“, erkundigt sich Marlene Kemper noch.

„Vor ungefähr zwei Wochen“, sagt Diana. „Auf irgendeiner Gesellschaft. Wir sind uns so gut wie möglich aus dem Weg gegangen.“

Während Kommissarin Marlene Kemper mit ihrem Wagen durch den dichten Feierabendverkehr zum Polizeipräsidium zurückfährt, versucht sie, etwas Ordnung in die Fakten zu bringen, die sie gesammelt hat. Dann greift sie zum Funktelefon und ruft den zuständigen Staatsanwalt an. „Der Mordfall Becker!“, sagt sie. „Ich denke, wir treffen uns beim Richter – ich weiß, für wen wir einen Haftbefehl wegen des Mordes brauchen.“

Wen hat Marlene Kemper in Verdacht?

Robert Becker hat seinen Vater ermordet. In Malte Hambachs Galerie sprach er von dem Bild der „Madonna mit Kind“ als „Fälschung“. Dass das Bild gefälscht war, hätte er aber gar nicht wissen dürfen und können, wenn er – wie er später angab – seinen Vater wirklich vor einem Monat zum letzten Mal gesehen oder gesprochen hatte. Sein Vater hatte ja erst am Abend, an dem er ermordet worden war, von dem Kunstsachverständigen telefonisch erfahren, dass das Bild eine Fälschung war. Also musste Robert danach noch einmal bei seinem Vater gewesen sein.

31

Tödliche Hausaufgaben

Marlene Kemper tritt ein wenig nachdenklich aus dem düsteren Gebäude der „Albert-Schweitzer-Schule“ an der Hardenbergstraße und wendet sich nach Süden. Nach ein paar Metern führt die baumgesäumte Straße an einer alten Fabrikhalle vorbei, dann folgen ein Einkaufszentrum mit Tankstelle, ein Möbelmarkt und schließlich die ruhigen Straßen des Vorortes, in dem Manfred Kemmer wohnt.

Kemmer unterrichtet an der Schule Englisch, und er ist, wie Marlene Kemper eben vom Direktor erfahren hat, seit dem Mord an Susanne Bergengruen beurlaubt.

***

Kemmer öffnet der Kommissarin sofort. Er ist Anfang 40 und trägt die Freizeituniform aller Lehrer: Strickjacke und ausgebeulte Cordhosen. „Ich habe Sie schon erwartet, Frau Kommissarin", sagt er. „Der Direktor hat mich angerufen, nachdem Sie bei ihm waren. Kommen Sie, ich mache uns einen Tee."

Marlene Kemper folgt Kemmer ins Haus. „Susanne Bergengruens Mutter hat uns das Tagebuch ihrer Tochter übergeben", sagt sie und holt ein Schulheft aus der Tasche. „Sie glaubt, dass Susannes letzte Eintragungen Sie schwer belasten, Herr Kemmer."

„Was hat Susanne denn geschrieben?", fragt Kemmer sofort.

Marlene Kemper nimmt das Heft. „Am 12. Mai, zwei Tage bevor sie ermordet wurde, schrieb Susanne: ‚Es ist seltsam, plötzlich spüre ich eine Gefahr. Herr Kemmer sieht mich neuerdings so merkwürdig an und macht Anspielungen auf Drogen. Ob er etwas ahnt?'" Marlene lässt das Heft sinken. „Inzwischen haben wir ermittelt, dass Susanne ihre Klassenkameradinnen mit Ecstasy-Tabletten versorgt hat."

„Davon hatte ich keine Ahnung!", beteuert Kemmer.

Marlene sieht wieder in Susannes Tagebuch nach. „Am 13. Mai schrieb sie: ‚Nach dem Unterricht hat Herr Kemmer im Wagen am Schulausgang gewartet und gesagt, er wolle mit mir reden. Ich bin zu ihm eingestiegen und wir fuhren zu ihm. Als wir am Park vorbeikamen, wo ein paar aus meiner Klasse am Brunnen saßen, meinte er, dass er über meine Drogengeschäfte Bescheid weiß und nur schweigen wird, wenn ich ihm einen Anteil von meinen Einnahmen abgebe. Bei sich daheim hat er dann Tee gemacht und mir erklärt, es sei ihm egal, was ich treibe, solange er nur Geld für sein Schweigen bekommt.'"

Manfred Kemmer ist schlagartig sehr blass geworden. „Das ist alles erfunden“, beteuert er. Dann fällt ihm etwas ein: „Ich habe den Schülerinnen am 11. Mai eine Hausaufgabe gestellt: Sie sollten sich Gedanken über eine Kriminalgeschichte machen und den Anfang dazu schreiben. Was Sie da eben vorgelesen haben, scheint Susannes Entwurf für diesen Krimi zu sein. Alles reine Fantasie.“

Marlene Kemper notiert sich Kemmers Angaben und steckt Susannes Schulheft wieder ein. Dann verabschiedet sie sich, um noch einmal mit Susannes Mutter zu sprechen.

Die Kommissarin geht zur Hardenbergstraße zurück, vorbei am Möbelmarkt, dem Einkaufszentrum und dem Fabrikgebäude, und kommt schließlich wieder an der Schule an. Sie geht weiter in nördlicher Richtung, passiert eine kleine Kirche und kurz darauf einen Park mit einem trockenen Brunnen, auf dessen Rand ein paar Schüler sitzen. Dann kommt sie zum Haus von Susannes Eltern. Susannes Mutter öffnet sofort auf Marlenes Klingeln. „Haben Sie mit Kemmer gesprochen?“, fragt sie gleich. „Hat er gestanden?“

„Nein“, meint Marlene. „Er sagt, er sei unschuldig.“

„Aber Susanne hat doch in ihrem Tagebuch genau beschrieben, wie er sie unter Druck gesetzt hat. Er muss es mit der Angst zu tun bekommen haben. Deshalb hat er Susanne dann am 14. Mai auf dem Heimweg vor der Schule abgefangen und im Park erwürgt.“

Marlene sieht Susannes Mutter lange an. „Ich vermute eher, dass Ihre Tochter wegen ihrer Drogengeschäfte von einem Konkurrenten ermordet wurde“, sagt sie schließlich.

„Aber ihr Tagebuch …“

„Die Eintragungen entsprechen nicht der Wahrheit“, sagt Marlene. „Sie sind offensichtlich nur ein Fantasieprodukt.“

Wie kommt Marlene Kemper zu diesem Schluss?

Susanne schrieb, ihr Lehrer sei auf dem Weg von der Schule zu sich nach Hause mit ihr am Park mit dem Brunnen vorbeigefahren. Der Brunnen liegt aber am Weg von der Schule zu Susannes Zuhause und nicht auf dem Weg zu Kemmers Wohnung.

32

Tod im roten Kleid

Linda Barring legt die Videokassette mit den Aufnahmen von der Geburtstagsfeier ihrer Schwester auf Kommissarin Marlene Kempers Schreibtisch. „Sie meinen wirklich, darauf einen Hinweis auf Margrets Mörder zu finden?"

Marlene Kemper nickt. Margret Barring ist vor zwei Tagen am Abend ihres vierzigsten Geburtstages gegen 20 Uhr in ihrem Haus erwürgt worden. Ab etwa 12 Uhr hat sie mit Verwandten und Bekannten gefeiert. Die letzten Gäste sind, wie Marlene Kemper und ihr Kollege Nils Krüger mittlerweile ermittelt haben, gegen 19.30 Uhr gegangen.

„Ich war die Letzte, die Margret noch lebend gesehen hat", sagt Linda. „Ich selbst ging um Viertel vor acht.

Margret wollte noch das Geschirr vom Büfett spülen und sich dann hinlegen."

Marlene betrachtet die Tatortfotos. Margrets Leiche liegt in der Küche vor der Spüle, in der sich schmutziges Geschirr türmt. Über ihrem tief ausgeschnittenen roten Kleid trägt sie eine Schürze, an ihren Ohrläppchen baumeln tropfenförmige, mit Brillantsplittern besetzte Klipps.

Marlene entschuldigt sich bei Linda Barring und geht nach nebenan, wo Nils Krüger gerade Matthias Singer verhört, den ehemaligen Verlobten der Toten.

„Ich habe Margrets Geburtstagsparty schon um 15 Uhr verlassen und habe sie danach nicht wieder gesehen", beteuert Singer nun schon zum wiederholten Mal.

„Wir haben jetzt ein Videoband der Feier", sagt Marlene. „Wenn daraus hervorgeht, dass Sie nach 15 Uhr noch auf der Party waren, wissen wir, dass Sie lügen."

Matthias bleibt gelassen. „Ich habe nichts zu befürchten. Margret und ich hatten uns am Tag vor ihrem Geburtstag getrennt. Ich hatte schon lange den Verdacht, dass es da einen anderen Mann in ihrem Leben gab, obwohl sie es immer wieder abgestritten hat. Auf der Party ist mir aufgefallen, dass sie dauernd mit ihrem Chef zusammen stand. Ich wette, dass sie sich für ihn so hübsch gemacht hatte, mit ihrem roten Kleid und den Brillantohrringen. Weil Margret und ich uns ohnehin nichts mehr zu sagen hatten, habe ich nur mein Geschenk abgegeben und bin wieder gegangen."

Marlene kehrt in ihr Büro zurück, wo Linda Barring wartet. Sie schiebt Lindas Video in den Recorder ein und startet das Band. „Sie haben die Aufnahmen selbst gemacht?", fragt sie.

Linda nickt. Auf dem Bildschirm erscheinen Bilder fröhlich feiernder Menschen. Im Vordergrund steht Margret Barring in ihrem roten, tief ausgeschnittenen Kleid. Mehrere Male taucht Matthias Singer auf. Auf der Standuhr im Hintergrund ist die Zeit zu sehen: 13 Uhr. Auch in einer Aufnahme, die um 14.45 Uhr gemacht worden ist, ist Singer zu sehen. Margret, im roten Kleid, steht an einem Tisch voller Geschenkpakete und unterhält sich mit einem grauhaarigen Mann.

„Das ist David Griess, ihr Chef im Auktionshaus“, erklärt Linda. Die nächste Aufnahme ist um 16 Uhr gemacht worden, wie man wiederum auf der Uhr im Hintergrund erkennt. Margret packt ein Geschenk nach dem anderen auf dem Tisch aus und strahlt dabei in die Kamera. Zuletzt öffnet sie ein kleines Päckchen und bestaunte die beiden glitzernden, brillantbesetzten Ohrringe darin. „Das war mein Geschenk“, erklärt Linda leise.

Auf dem Bildschirm sieht man, wie Margret sich die Ohrringe anklippt und ihren Chef kokett anlächelt. Marlene lässt das Band langsam weiterlaufen. Unter den Gästen ist Margrets Ex-Verlobter nicht mehr zu sehen. „Haben Sie bemerkt, wann Matthias gegangen ist?“, fragt Marlene.

„Keine Ahnung“, erwidert Linda.

Marlene schaltet den Recorder aus. „Matthias ist der Mörder“, sagt sie. „Dieses Band hier beweist es.“

Was ist Marlene aufgefallen?

Matthias behauptete, die Geburtstagsfeier um 15 Uhr verlassen zu haben, erwähnte aber trotzdem Margrets Brillantohrringe. Doch die Ohrringe befanden sich unter den Geschenken, die Margret laut Videoband erst um 16 Uhr öffnete – also musste Matthias sie danach noch einmal gesehen haben.

33

Marlene auf der Mörderspur

Im dem Geschäft ist alles für die Rekonstruktion des Mordes vorbereitet: Jürgen Poller, der Inhaber von „Poller-Sammlermünzen", steht hinter der Vitrine mit den amerikanischen Silberdollars. Mit seinem fliehenden Kinn, der beginnenden Stirnglatze und den aufgeschwemmten Gesichtszügen eines Mannes, der oft und gern dem Alkohol zuspricht, wirkt er auf Kommissarin Marlene Kemper nicht gerade wie das Idealbild eines gediegenen Geschäftsmannes. Aber andererseits wirkt Marlene Kemper auch nicht wie eine knallharte Kripo-Kommissarin. Sie ist mittelgroß und selbst für eine Beamtin des gehobenen Dienstes entschieden zu schick gekleidet, ihre sportlich-modische Friseur stammt vom Star-Coiffeuer der Stadt.

Der klare, abwägende Blick ihrer dunklen Augen deutet darauf hin, dass man ihr nicht so leicht etwas vormachen kann – was eine ganze Reihe von Kriminellen bestätigen können, die sie mit Hilfe des Staatsanwalts und des Gerichts hinter schwedische Gardinen gebracht hat.

Die Ladentür steht offen, und auch die Zeit ist die gleiche wie gestern, als Pollers Frau Marion bei einem Überfall auf das Geschäft erschossen worden ist. Die Zeiger der Uhr an der Wand hinter der Kasse stehen auf 16.45 Uhr.

Marlene widmet sich den Tatortfotos, die gestern gemacht worden sind. Die Polaroids zeigen Marion Pollers Leiche hinter der Vitrine mit den russischen Goldmünzen, die unmittelbar neben der Vitrine mit den Silberdollars steht. Eine Kugel aus einer automatischen Pistole, das weiß Marlene inzwischen aus dem Obduktionsbericht des Gerichtsmediziners, hat sie in die Brust getroffen. Eine zweite Bilderserie zeigt das Büro hinter dem Laden. Auf dem sauberen, hellen Teppichboden liegen ein paar Akten und Münzen verstreut. Auf den restlichen Bildern ist der Laden zu sehen. Deutlich ist überall die feuchte Fußspur zu erkennen, die von der Tür zur Silberdollar-Vitrine führt – und auch wieder zurück zur Ladentür. Selbst auf den Detailaufnahmen der Fußspur ist kein Profil zu erkennen – nur die Schuhgröße haben die Experten des kriminaltechnischen Untersuchungsamtes ermitteln können: 41.

Das ist genau Eddie Königs Schuhgröße, und deshalb sitzt der jetzt auch in Untersuchungshaft. Ein Streifenpolizist hat ihn gestern drüben durch den Park auf der anderen Straßenseite davonrennen sehen, unmittelbar nachdem der Außenalarm in Jürgen Pollers Laden um 16.50 Uhr losging. Eddies Pech war nicht allein, dass der Streifenbeamte Jahrgangsbester über 800 Meter im Polizeisportverein war, sondern auch, dass Kommissarin Marlene Kemper und ihr Kollege Krüger dann in seiner Akte auch noch eine Vorstrafe wegen bewaffneten Überfalls entdeckten. Damals hat Eddie einen Münzhändler ausgeraubt und ist dafür drei Jahre ins Gefängnis gekommen.

„Die Katze lässt das Mausen nicht", hat Krüger zu Marlene Kemper gemeint.

Trotzdem hat Eddie im Verhör seine Unschuld beteuert, auch wenn er zugegeben hat, dass er gestern gegen Viertel vor fünf in Pollers Laden gewesen ist. „Aber nur", hat Eddie immer wieder beteuert, „um mal wieder einen Blick auf ein paar schöne Münzen zu werfen und ein bisschen zu fachsimpeln. Doch der Händler hat mich sofort rausgeschmissen." Und erst dann, nachdem er den Laden schon eine Weile verlassen habe, sei der Alarm losgegangen und er habe instinktiv das Weite gesucht. Bei Eddies Vorstrafenregister zwar eine verständliche Reaktion, aber aus kriminalpolizeilicher Sicht durchaus ein Belastungsmoment.

* * *

„Jetzt spielt sogar noch das Wetter mit", sagt Marlene Kemper, als es draußen zu nieseln beginnt. Gestern hat es während des Überfalls ebenfalls ein wenig geregnet, was dann erfreulicherweise dazu geführt hat, dass man die feuchten Fußspuren des Täters auf dem Teppichboden im Laden hat sichern können. Marlene schiebt sich ein Pfefferminzbonbon aus ihrer kleinen Blechschachtel in den Mund und wendet sich an Nils Krüger: „Sie spielen am besten jetzt einmal den Täter!"

„Immer ich", murrt Krüger.

Marlene lächelt. „Es heißt doch, dass in jedem Polizisten ein verhinderter Gangster steckt."

„Sie verstehen bestimmt, dass ich darüber nicht lachen kann", meint Krüger und geht vor die Ladentür. Marlene bezieht hinter der Vitrine mit den russischen Münzen Position und schiebt ihr Pfefferminzbonbon in die Backe. „Ich spiele also Ihre Frau", sagt sie zu Poller. „Ist jetzt alles so, wie es gestern um 16.45 Uhr war? Sie haben ausgesagt, dass der Gangster um diese Zeit in den Laden kam."

Poller nickt. „Ja, dieser untersetzte Kerl in seinem speckigen Mantel, mit einer schwarzen Skimaske auf dem Kopf. Als er durch die Tür trat, holte er eine Pistole aus der Manteltasche und richtete sie auf mich und meine Frau."

Marlene registriert, dass Pollers Aussage beinahe wörtlich mit der übereinstimmt, die er gestern zu Protokoll gegeben hat. Was durchaus ungewöhnlich ist, denn Marlene weiß, dass Zeugen und Opfer in der Regel in ihren Aussagen immer ausführlicher werden, je häufiger man sie befragt. Poller deutet auf den Durchgang zu seinem Büro hinter dem Laden, durch den man einen mannshohen Safe sehen kann, und berichtet weiter: „Der Gangster kam von der Tür her zu mir, an diese Vitrine. Er hielt mich und meine Frau mit der Waffe in Schach und verlangte, dass ich den Tresor im Büro öffnen sollte."

„Okay!" Auf Marlene Kempers Zeichen hin stößt Nils Krüger die Ladentür auf. Feine Regentropfen glitzern in seinem Haar und auf seiner Jacke. Schnell durchquert er den Laden, bis er vor Pollers Vitrine steht. Er hinterlässt dabei feuchte Fußabdrücke auf dem hellen Teppich, genau so, wie es auf den Tatortbildern zu sehen ist. Statt mit einer Waffe deutet er mit dem Finger auf den Münzhändler.

„Der Gangster stieß mich ins Büro", berichtet Poller weiter. „Meiner Frau drohte er, mich zu erschießen, wenn sie sich auch nur rührte. Im Büro drückte er mir seine Waffe an die Schläfe und verlangte, dass ich den Safe öffnen sollte."

Marlene nickt Nils Krüger zu und der schiebt den Münzhändler ins Büro zu dem Tresor. Auch auf dem hellen Teppichboden im Büro hinterlässt Krüger seine schmutzigen Fußabdrücke.

„Ich zitterte am ganzen Leib", sagt Poller beim Tresor. „Und da begann meine Frau im Laden plötzlich zu schreien." Wieder fällt Marlene auf, dass er sich genau an seine gestrige Aussage hält. Poller fährt fort: „Da verlor der Mann die Nerven. Er stieß mich gegen den Tresor und flüchtete. Ich war zu benommen, um zu sehen, was im Laden geschah – aber ich denke, Marion wollte sich ihm in den Weg stellen – da hat der Gangster geschossen. Sie … lag jedenfalls leblos da, als ich in den Laden wankte und den Alarmknopf drückte."

In Marlene Kemper verdichten sich mittlerweile die Zweifel, ob der Münzhändler wirklich das arglose Überfallopfer ist, als das er sich hinstellt. Zumal sie am Vormittag noch bei einigen Routinebefragungen in der Nachbarschaft erfahren hat, dass die Ehe der Pollers seit einiger Zeit nicht mehr die beste gewesen ist. Marion Poller ist die eigentliche Besitzerin des Geschäftes gewesen; ihr Mann wurde nur durch Heirat zum Ladeninhaber. Und jetzt, nach ihrem Tod, zum Erben des Geschäftes.

„Weiter!", sagt Marlene zu Krüger. Ihr Assistent „stößt" Poller gegen den Tresor und eilt, wieder Fußspuren auf dem Teppich hinterlassend, aus dem Büro, stoppt im Laden kurz, um einen „Schuss" abzugeben, und stürzt dann hinaus. Die Uhr über der Kasse zeigt 16.50 Uhr.

Poller nickt zufrieden. „So war es!“ Sein Gesicht wirkt angespannt. „Ich hätte vielleicht schneller den Tresor öffnen sollen“, meint er selbstkritisch. „Oder ich hätte Marion sagen sollen, dass sie sich nicht rühren soll. Hätte ich die Nerven behalten, würde Marion jetzt noch leben.“

„Aber gerade darum ging es Ihnen doch!“, meint Marlene auf einmal trocken und holt ihre Handschellen heraus. „Sie wollten Ihre Frau loswerden. Als dann Eddie König, dieser heruntergekommene Bursche, hier im Laden auftauchte, sahen Sie Ihre Chance, ihn zum Sündenbock für den Mord an Ihrer Frau zu machen. Sie warfen Eddie hinaus und inszenierten diesen Überfall samt dem Mord an Ihrer Frau, bei dem die Fußspuren, die Eddie hinterlassen hatte, ihn als Täter abstempeln sollten.“

Nils Krüger ist inzwischen wieder in den Laden gekommen. Er sieht seine Chefin erstaunt an. „Wie kommen Sie denn auf diese Theorie?“, fragt er. „Für mich steht fest, dass Eddie König der Gangster ist – schließlich haben wir seine Fußspuren hier gesichert.“

Wer hat Recht? Marlene Kemper oder Nils Krüger?
Und welche Beweise gibt es?

Natürlich hat Marlene Kemper Recht: Poller täuschte den Überfall vor, um den Mord an seiner Frau zu kaschieren. Auf den Tatortbildern, die nach dem „Überfall“ aufgenommen worden waren, führte zwar die schmutzige Fußspur von Eddie König von der Ladentür bis zu der Vitrine mit den Silberdollars und wieder zurück zur Ladentür – doch in dem Büro hinter dem Laden, in das der angebliche Gangster den Münzhändler ja zum Tresor gebracht haben sollte, waren keine Fußspuren zu sehen – wie die Fotos bewiesen, die ja unmittelbar nach der Tat aufgenommen worden waren. Damit war klar, dass Pollers Geschichte nicht stimmte.

34

Tödlicher Klatsch

Kommissarin Marlene Kemper steht in Udo Hoffmanns Appartement und beobachtet die Männer von Kriminaltechnik und Gerichtsmedizin bei ihrer Arbeit. In der Küche protokolliert ihr Kollege Nils Krüger die Aussage der Putzfrau, die die Leiche gefunden hat. Hoffmann ist zwischen 16 und 17 Uhr erschossen worden. Marlene Kemper kennt sein Gesicht, weil sein Foto in der Zeitung stets über der Rubrik mit den Gesellschaftsnachrichten erschienen ist, die er geschrieben hat: „Hoffmanns Erzählungen“ – eine Spalte voller Klatsch- und Tratschgeschichten über die Schönen und Reichen der Stadt – und alle, die sich dafür halten.

Auf dem Schreibtisch neben dem Fenster liegen zwei Karteikarten.

„Bellinda Dallmeyer“ steht auf der einen, „Michaela Peltz“ auf der anderen.

Marlene Kemper fällt der schwere Duft auf, der in dem Appartement hängt. Es ist das Duft des Parfüms, das sie selbst manchmal benutzt. „Nachtschatten“, murmelt sie.

* * *

Marlene Kemper mustert Michaela Peltz. Eine elegante Frau in einer eleganten Umgebung, hier draußen in der Villa am Stadtrand. Sie präsentiert ihr Hoffmanns Karteikarte. „Udo Hoffmann wurde heute zwischen 16 und 17 Uhr erschossen“, sagt die Kommissarin. „Was haben Sie zu dieser Zeit getan?“

Michaela legt den Kopf zur Seite. „Bis halb drei war ich bei meiner Kosmetikerin“, erklärt sie. „Anschließend bin ich heimgefahren.“

Marlene Kemper dreht Hoffmanns Karteikarte um, sodass Michaela Peltz sie lesen kann. „Hoffmann hat hier Treffs in Restaurants oder in seiner Wohnung eingetragen. Auch für heute hat er eine Verabredung mit Ihnen notiert. Für 16 Uhr.“

Michaela Peltz schluckt nervös – eine Dame in Verlegenheit. „Ich … ich habe ihm gelegentlich Informationen für seine Klatschspalte geliefert“, hüstelt sie. „Diese Treffs bedeuten nicht, dass ich ein … Verhältnis mit ihm gehabt habe. Aber falls Sie bei Ihren Ermittlungen auf Bellinda Dallmeyer stoßen – das ist die Frau, die Sie nach ihrer Beziehung zu Hoffmann befragen müssen.“

„Der Treff für heute“, erinnert Marlene sie. „Sie waren also heute nicht bei ihm?“

„Nein“, haucht sie. „Ich habe ihm am Vormittag telefonisch abgesagt.“

„Besitzen Sie eigentlich eine Pistole?", fragt Marlene.

Michaela Peltz zuckt zusammen. Dann schüttelt sie den Kopf. „Und wenn – ich könnte damit nicht umgehen, geschweige denn drei Schüsse abfeuern."

Marlene Kemper atmet tief ein. Etwas kitzelt ihre Nase. „Sie benutzen ‚Nachtschatten'?"

„Nicht mehr lange!" Michaela Peltz lächelt Marlene kurz und spöttisch an. „Inzwischen benutzt es ja jede zweite Frau."

* * *

Bellinda Dallmeyer gehört eine Edel-Butike, und Marlene erinnert sich noch genau, dass Udo Hoffmann ihren Laden mehrere Male lobend in seiner Klatschspalte erwähnt hat: als In-Shop für den trendigen Mittdreißiger und als Geschäft, das das „Flair von Paris und New York in unserer Stadt bringt". Schon als Marlene das alles gelesen hat, hat sie auf eine recht enge Verbindung zwischen der Geschäftsfrau und dem Klatschreporter getippt. Bellinda wohnt in einem Appartement ganz in der Nähe von Hoffmann.

„Hoffmann hat das alles doch nur geschrieben, um mich herumzubekommen", sagt Bellinda verbittert zu Marlene Kemper. „Und dann, als er es geschafft hatte, hat er mich nach drei Monaten abserviert und sich Michaela Peltz zugewandt."

Marlene zeigt der Dallmeyer Hoffmanns Karteikarte mit ihrem Namen. „Aber trotzdem hat er sich immer noch mit Ihnen getroffen. Hier sind Termine notiert. Zuletzt für heute, um 17 Uhr. Was sagen Sie dazu?"

Bellinda hebt etwas unschlüssig die Schultern. „Nachdem er sich von mir getrennt hatte, hat er mich hin und wieder eingeladen, um Informationen für seine Artikel von mir zu bekommen."

„Waren Sie denn nun heute bei ihm?", fragt die Kommissarin.

Bellinda Dallmeyer schüttelt energisch den Kopf. „Nein, war ich nicht. Ich hatte es satt. Sollte er doch schreiben, was er wollte."

Ein Alibi für die Tatzeit hat sie allerdings auch nicht. „Ich war im Laden, aber es waren keine Kunden da", beteuert sie.

„Haben Sie übrigens eine Pistole?"

Bellinda schüttelt den Kopf. „Ich könnte ohnehin nicht damit umgehen."

Marlene Kempers Blick fällt auf den Parfümflakon auf Bellindas Schminktisch. „Sie benutzen ‚Nachtschatten'?"

„Nicht mehr", sagt Bellinda. „Udo hat es mir geschenkt. Ich verbinde zu viele Erinnerungen mit dem Duft."

* * *

„Hoffmann hatte beide Frauen in der Hand", fasst Marlenes Kollege Krüger ein paar Stunden später auf dem Präsidium zusammen. Es ist inzwischen kurz vor Mitternacht. Ein Bote bringt die ersten Berichte der Gerichtsmedizin und der Spurensicherung. Marlene Kemper überfliegt gähnend die Papiere. „Die Spurentechnik sagt, dass der Täter drei Mal auf Hoffmann geschossen hat. Eine Kugel hat ihn ins Herz getroffen, die zweite in die Schulter. Das dritte Geschoss hat man aus dem Fensterrahmen gegraben."

„Sieht nach Hass oder Eifersucht aus", vermutet Krüger. „Ich schlage vor, wir befassen uns morgen genauer mit den beiden Frauen!"

Marlene Kemper steht auf. „Falsch. Wir befassen uns nur mit der Mörderin. Und zwar sofort.“

Wer ist die Mörderin?

Michaela Peltz hat den Klatschreporter Hoffmann umgebracht. Sie wusste, dass drei Schüsse auf Hoffmann abgegeben worden waren, obwohl das noch gar nicht bekannt war, als Marlene Kemper sie befragte.

35

Schmutzige Geschäfte

Die Razzia auf dem Gelände von Dieter Raimonds Müllentsorgungsfirma ist generalstabsmäßig geplant, deshalb dauert es auch nur eine knappe halbe Stunde, bis die Beamten der Sonderermittlungsgruppe für Umweltdelikte in dem modernen Büro neben dem weitläufigen Lagerhof fündig werden. Ein Berg von Aktenordnern wird in Umzugskisten verladen. „Hoffen wir, dass Raimond endlich einmal unvorsichtig genug gewesen ist und Beweise für seine kriminellen Müllentsorgungsmethoden hinterlassen hat", meint der Leiter der Sonderkommission Umweltkriminalität zu Kommissarin Marlene Kemper, die bei der Aktion als Verstärkung mit von der Partie ist. „Wir haben Raimond im Verdacht, giftigen Sondermüll nicht fachgerecht zu entsorgen, sondern ihn von seinen Fahrern einfach auf Hausmüllkippen abladen zu lassen. Vom Verursacher der Giftabfälle kassiert er dafür aber horrende Gebühren."

Dieter Raimond ist ein Kerl mit einer Statur, wie man sie sich bei einem Müllkutscher vorstellt – stämmige Beine, dicke Oberarme und ein breites Kreuz. Der Chef der Entsorgungsfirma hat bisher am Fenster gestanden und mit kaum verhohlener Wut zugesehen, wie man seine Unterlagen einpackt. Jetzt scheint es ihm aber zu reichen. Er fährt herum und stößt mit dem Zeigefinger in Marlenes Richtung. „Bei mir ist alles in Ordnung, Lady!", faucht er. „Da können Sie jeden beliebigen Aktenordner aufschlagen und finden korrekte Belege für jede Müllentsorgung."

Marlene weiß nicht, warum der Müllkutscher sich ausgerechnet sie zum Feindbild auserkoren hat. Aber wenn es schon einmal so ist, dann will sie ihm wenigstens nichts schuldig bleiben. „Okay", sagt sie. „Dann lassen wir es doch einmal auf den Versuch ankommen."

Marlene greift sich einen Ordner aus der Ablage und blättert darin herum. „Hier geht es um giftigen Filterstaub aus einer Raffinerie. Die Firma fragt mit Schreiben vom 23. April ob Sie, Herr Raimond, eine größere Menge davon entsorgen können. Der Staub ist wegen seiner Giftigkeit in witterungsbeständigen Plastiksäckchen zu je einem Pfund Gewicht verpackt. Eine halbe Million dieser Beutel sollten entsorgt werden."

„Und das haben wir auch getan", knurrt Raimond. „Wenn Sie weiterblättern, werden Sie es sehen."

„Gut, blättern wir weiter!", sagt Marlene. „Ja, hier ist Ihr Angebot an die Firma. Sie veranschlagen einen Preis von einem Euro pro Beutel für die Entsorgung, also insgesamt 500000 Euro."

„Der Staub musste in einem speziellen Ofen in Süddeutschland verbrannt werden“, erklärt Raimond.

„Bei einer Firma, die Ihr Schwager leitet!“, ergänzt der Leiter der Sonderkommission. „Bei dem übrigens gerade jetzt meine Kollegen ebenfalls eine Haussuchung veranstalten, weil wir meinen, dass Sie beide zusammenarbeiten.“

Marlene blättert weiter in der Akte. Die technischen Begriffe in der Korrespondenz sagen ihr wenig, außer, dass es sich bei dem Staub um etwas wirklich Giftiges gehandelt hat. Aber dann wird sie wieder fündig: „Hier haben wir die Auftragsbestätigung. Die Firma lieferte ihre Beutel mit dem Giftstaub am 4. Mai hier zu Ihnen aufs Gelände.“

„Wir haben spezielle Lager für Giftabfälle“, sagt Raimond und wirft einen Blick in die Akte. Er blättert eine Seite um. „Und hier sind die Belege von meinem Lagermeister und meinen Fahrern. Am 7. Mai sind drei von meinen 40-Tonnern mit den Giftbeuteln beladen worden.“ Er zerrt ein paar Ladebescheinigungen hervor. „Alles ordnungsgemäß abgezeichnet. Die drei Lastwagen sind zum Verbrennungsofen nach Süddeutschland gefahren, und dort ist der Giftstaub entsorgt worden.“

Der Chef der Sonderkommission greift zum Telefon und ruft in der Firma von Raimonds Schwager in Süddeutschland an. Er verlangt den Beamten, der dort die Durchsuchung leitet, und erkundigt sich nach den entsprechenden Belegen für die Giftstaubverbrennung. Es dauert eine Weile, bis die Antwort kommt. „Raimond hat Recht“, meint Marlene Kempers Kollege resigniert. „Bei der Verbrennungsfirma sind die drei Lastwagen am 7. Mai angekommen, der Giftstaub wurde am 8. Mai ordnungsgemäß entsorgt.“

Raimond lächelt zufrieden. „Wie ich es Ihnen gesagt habe“, meint er. „Der gesamte Auftrag ist ordnungsgemäß abgewickelt worden, jeder der 500000 Beutel ist korrekt entsorgt worden.“

„Tzzz Tzzz“, sagt Marlene Kemper. „Bei Ihrem Gemauschel haben Sie offenbar etwas den Überblick verloren, denn sonst hätten Sie nicht den Fehler gemacht, aus dem ganz klar hervorgeht, dass Sie den Giftstaub keineswegs ordnungsgemäß entsorgt haben.“

Was ist Marlene Kemper aufgefallen?

Die Giftladung bestand aus einer halben Million Beutel mit je einem Pfund Gewicht, hatte also ein Gesamtgewicht von 250000 Kilo bzw 250 Tonnen. Diese Ladung soll angeblich mit drei 40-Tonner-Lastwagen abtransportiert worden sein, deren Gesamtladekapazität beträgt aber nur drei Mal 40 Tonnen, also 120 Tonnen.

36

Mordsache Wolffhardt

Marlene Kemper hat die Mordakte Wolffhardt schon seit heute Mittag immer wieder von einer Seite ihres Schreibtisches auf die andere geräumt – nicht zuletzt wegen des gelben Notizzettels von Kriminalrat Hofer, der darauf klebt: „Kümmern Sie sich bitte einmal darum!“ Was bedeutet, dass irgendwo wieder einmal ein Kollege von der Kriminalbereitschaft nicht mehr weitergekommen ist und den Fall einfach nach oben abgegeben hat. Oben – das ist in diesem Fall Kriminalrat Hofer, und der hat ihn wiederum nach unten weitergegeben.

Unten ist in diesem Fall Kommissarin Marlene Kemper.

Inzwischen ist es ruhig geworden auf den Fluren des Polizeipräsidiums, und der Kommissarin fällt kein Grund mehr ein, warum sie die Akte wieder auf die andere Seite des Schreibtisches schieben könnte. Also zieht sie sie seufzend heran und schlägt sie auf.

Die Mordakte Wolffhardt ist erst gestern von der Kriminalbereitschaft angelegt worden und enthält die ersten Berichte und Zeugenaussagen. In einem Plastikbeutelchen ist eine Patronenhülse mit einem vorläufigen Gutachten der Kriminaltechnik beigefügt. Marlene Kemper beginnt die Protokolle zu lesen.

Bericht POM Erben und POM Voss, Besatzung Streifenwagen Wilhelm 12:

„Wir wurden auf unserer Streifenfahrt durch das Oderbruchviertel um 18.15 Uhr von der Funkeinsatzzentrale über einen Notruf aus der Rückertstraße verständigt. Wir erreichten sie um 18.20 Uhr. Im Vorgarten des Hauses Nummer 6 erwartete uns Rüdiger Wolffhardt. Er gab an, dass er seinen Bruder Frank habe besuchen wollen. Als der ihm auf sein Klingeln nicht öffnete, sei er ums Haus herumgegangen und habe an der Rückfront ein eingeschlagenes Fenster entdeckt. Sein Bruder liege reglos im Wohnzimmer. Wir entdeckten das eingeschlagene Fenster und POM Voss stieg in das Haus ein. Er fand Rüdiger Wolffhardts Aussage bestätigt – im Wohnzimmer lag Wolffhardt bewegungslos auf dem Bauch. Als POM Voss ihn herumdrehte, entdeckte er eine Schusswunde in seiner Brust. Wir mussten also von einem Gewaltverbrechen ausgehen, sicherten den Tatort und verständigten die Kriminalbereitschaft."

Vorläufiger Bericht der Gerichtsmedizin:

„Doktor Hültner, Chefpathologe

Name des Toten: Frank Wolffhardt, Alter: 38, Todesursache: Pistolenschuss aus 2 Metern Entfernung. Die Kugel drang durch die Brust ins Herz. Kein Ausschuss. Tatzeit: etwa 18 Uhr."

Vorläufiger Bericht der Spurensicherung, Kriminalhauptwachtmeister Wolff:

„Der Tote lag im Wohnraum des Hauses Rückertstraße 6 neben der Tür zur Diele, von der die weiteren Räume (Küche, Schlafzimmer, Bad) zu erreichen sind. Eine Treppe führt aus der Diele in die obere Etage. An der Haustür waren keine Einbruchsspuren zu finden.

Das Wohnzimmerfenster ist vier Meter von der Tür entfernt, vor der der Tote lag, und geht zum Garten hin. Die Scheibe war in Griffhöhe eingeschlagen, Scherben lagen im Wohnzimmer unter der Fensterbank. Im Garten fanden wir im Blumenbeet vor dem Fenster eine Patronenhülse vom Kaliber 6,5. Der kriminaltechnische Vergleich mit dem Geschoss aus Wolffhardts Körper ergab, dass sie zur Tatwaffe – einer Pistole vom Typ Walther – gehört, die wir im Garten Wolffhardt, drei Meter entfernt an der Grenze zum Grundstück von Detlev Hammer, in den Büschen fanden. Fingerabdrücke waren auf der Waffe nicht zu sichern, weil sie abgewischt worden war.“

Bericht der Kriminalbereitschaft, Kriminalhauptkommissar Simader:

„Frank Wolffhardt war Besitzer einer kleinen Werbeagentur, die Büros liegen in der ersten Etage des Hauses. Bis vor drei Wochen war sein Bruder Rüdiger bei ihm als Grafiker beschäftigt. Frank Wolffhardt lebte in dem Haus mit seiner Lebensgefährtin Anita Gruber zusammen, die gegen 19 Uhr angeblich von einem Einkaufsbummel aus der City zurückkehrte und sofort befragt wurde. Außer Rüdiger Wolffhardt und Anita Gruber wurde noch der Bewohner des Nachbarhauses, Detlev Hammer, vernommen, von dessen Telefon aus Rüdiger Wolffhardt die Polizei verständigt hatte.“

Aussage von Detlev Hammer, freier Versicherungsvertreter, Alter 47, ledig, Rückertstraße 8:

„Ich kam gegen 18 Uhr auf meine Veranda und sah Rüdiger Wolffhardt an der Haustür seines Bruders. Er schien gerade geklingelt zu haben, und als nicht geöffnet wurde, ging er ums Haus herum, um durchs Wohnzimmerfenster zu schauen. Ich hörte ein klirrendes Geräusch, weil er wohl versuchte, durch die eingeschlagene Scheibe das Fenster zu öffnen. Dann kam Wolffhardt durch die Büsche an der Grundstücksgrenze zu mir und bat mich, mein Telefon benutzen zu dürfen, weil sein Bruder erschossen worden sei. Frank Wolffhardt hatte seinen Bruder erst kürzlich wegen einiger Unterschlagungen aus der Firmenkasse entlassen. Mir hatte Frank Wolffhardt gesagt, dass er seinen Bruder niemals wieder sehen wolle.

Ich bin sicher, dass Rüdiger Ihnen von dem Streit berichten wird, den ich mit Frank Wolffhardt wegen der Grundstücksgrenze habe. Frank warf mir vor, die Grenze eigenmächtig zu meinen Gunsten verlegt zu haben. Ein Zivilprozess wegen dieser Sache läuft zurzeit noch. Lästiger war allerdings, dass Frank mich bei meinen Kunden, mit denen er hin und wieder zu tun hatte, als Betrüger darstellte. Mehrere Abschlüsse sind mir dadurch schon verloren gegangen. Die Pistole, die gefunden wurde, gehört mir nicht. Ich gebe aber zu, dass ich selbst einen Waffenschein habe und auch einmal eine Pistole besaß. Aber meine Waffe war defekt, deshalb habe ich sie vor einigen Wochen weggeworfen.“

Aussage von Rüdiger Wolffhardt, 37, Grafiker, ledig:

„Ich hatte mich telefonisch mit Frank verabredet, um noch einmal mit ihm zu sprechen. Gewiss, ich hatte Geld aus der Kasse genommen, aber ich fand es ungerecht von ihm, mich deshalb zu entlassen. Denn schließlich habe ich fünf Jahre meines Lebens geopfert, um mit ihm gemeinsam die Agentur aufzubauen. Seine Reaktion hat mich sehr verbittert. Ich kam pünktlich um 18 Uhr bei ihm an. Als er mir auf mein Klingeln nicht öffnete, schaute ich durch das Wohnzimmerfenster nach dem Rechten und entdeckte ihn. Von Detlev Hammers Telefon aus rief ich die Polizei.

Ich muss Ihnen noch berichten, dass Hammer Frank früher einmal wegen des Streites um die Grundstücksgrenze mit einer Waffe bedroht hat. ‚Das vergesse ich nicht!', waren Hammers Worte. Möglicherweise hat aber auch Anita ihn erschossen – Frank und sie hatten in letzter Zeit häufig Streit, und er wollte sich von ihr trennen. Anita hat mir mehrere Male gesagt, dass sie von ihm sehr enttäuscht war."

Aussage Anita Gruber, 26, Werbetexterin, ledig:

„Ich lebte seit drei Jahren mit Frank Wolffhardt zusammen, und kürzlich hat er mir eröffnet, dass er sich von mir trennen wollte. Ich habe das Gefühl gehabt, dass die finanziellen Probleme Frank in der letzten Zeit sehr verletzbar gemacht haben und er deshalb seinen Bruder und mich so hart behandelt hat. Dass er Rüdiger nach seiner Entlassung nicht wieder sehen wollte, ist nicht richtig. Als ich gegen 12 Uhr das Haus verließ, um einkaufen zu gehen, sagte Frank mir noch, dass er sich mit Rüdiger verabredet habe. Rüdiger sollte ihm einen Teil des unterschlagenen Geldes zurückzahlen und außerdem seine Arbeitsunterlagen mitnehmen. Und er sollte den Hausschlüssel abgeben, den er immer noch besaß. Ich bin dann in die City gefahren und durch die Geschäfte gebummelt, bis sie schlossen. Mit der S-Bahn bin ich zurückgefahren und traf dann vor dem Haus die Polizei."

Kommissarin Marlene Kemper schaut auf die letzte Aussage und schüttelt dann die Patronenhülse aus dem

Plastikbeutel. Sie schiebt sich ein Pfefferminzbonbon in den Mund und betrachtet eine Weile nachdenklich die Hülse. Dann ruft sie den Dienst habenden Untersuchungsrichter an. „Ich brauche einen Haftbefehl“, sagt sie. „In der Mordsache Wolffhardt.“

Wen wird Marlene Kemper wegen des Mordes an Frank Wolffhardt verhaften?

Rüdiger Wolffhardt, Detlev Hammer oder Anita Gruber?

Der Täter ist Rüdiger Wolffhardt. Er kam mit seinem Schlüssel ins Haus, erschoss seinen Bruder und wollte gerade das Haus wieder verlassen, als er von Detlev Hammer an der Haustür gesehen wurde. Rüdiger beschloss, dem Nachbarn vorzuspielen, dass er gerade gekommen sei, ging ums Haus herum, schlug das Fenster ein und tat dann so, als habe er die Leiche seines Bruders im Wohnzimmer gesehen. Er deponierte die Patronenhülse im Garten vor dem Fenster, um den Eindruck zu erwecken, der Mörder habe von dort aus geschossen. Das war sein erster Fehler. Die Schuss wurde laut Untersuchung des Gerichtsmediziners aus zwei Metern Entfernung abgegeben – die Leiche Franks lag aber neben der Tür des Wohnzimmers, vier Meter vom Fenster entfernt. Auf dem Weg zu Hammers Haus ließ Wolffhardt dann noch die Pistole in die Büsche an der Grundstücksgrenze fallen, um sich der Waffe zu entledigen und einen Verdacht auf Hammer zu lenken. Seinen zweiten Fehler machte er, als er zu Hammer sagte: „Mein Bruder ist erschossen worden.“ Das hätte er aber durchs Wohnzimmerfenster nicht sehen können, weil Frank auf dem Bauch lag und die Kugel ihn in die Brust getroffen hatte.

37

Jagd auf den Millionen-Mann

Kommissarin Marlene Kemper tritt einen Schritt zurück, als ihr Kollege Nils Krüger sich gegen die Tür von Harry Bests Appartement wirft. Solche Aktionen überlässt sie generell den Männern an ihrer Seite – warum soll sie sich ihre schicke neue Lederjacke ruinieren und eine Schulterprellung riskieren? Das Schloss springt auf und Marlene Kemper und Nils Krüger betreten vorsichtig die kleine Wohnung. In der Küche stehen noch die Reste eines Frühstücks für eine Person auf dem Tisch: Aufbackbrötchen und Schokokrem.

Nils Krüger nimmt sich das Schlafzimmer vor, Marlene das Wohnzimmer. Hier zieren Plakate von schneebedeckten Landschaften die Wände: Nepal, Tibet, der Himalaja.

„Hier ist etwas", meldet Nils Krüger aus dem Schlafzimmer. In einem Versteck unter der Matratze hat er Reiseprospekte von Brasilien und Angebote für Schlittentouren durch Grönland entdeckt. „Harry Best hat sich also offensichtlich abgesetzt", stellt er fest.

Die Prospekte sind im Moment die einzige und letzte Spur, die die Polizei von Harry Best hat. Best ist drei Jahre lang Fahrer bei einem Geldtransportunternehmen gewesen. Während dieser Zeit muss ihm die Sicherheitslücke aufgefallen sein, die er heute genutzt hat. In einem unbeobachteten Moment hat er zwei Transportbeutel mit insgesamt 3,5 Millionen Euro aus dem Transporter gestohlen und sich aus dem Staub gemacht. Natürlich hat man sofort alle Flughäfen und Bahnhöfe überwachen lassen.

Der einzige seriöse Hinweis ist von einer Toilettenfrau auf dem Flughafen gekommen. Sie hatte Best auf einem Foto als den Mann erkannt, der gegen Mittag in einer der Kabinen verschwunden und kurz darauf mit einer schwarzen Perücke, einem Bart und einer Sonnenbrille maskiert wieder herausgekommen ist. Dabei hat die Frau noch ein Flugticket bemerkt, das aus seiner Jackentasche ragte. Allem Anschein nach hat Best also unter falschem Namen gebucht und ist bereits außer Landes.

Marlene Kemper entdeckt unter den Reiseprospekten einen Flugplan. „Zwei Flüge sind angekreuzt", stellt sie fest. „Die Maschine um 12.15 Uhr nach São Paulo und die um 12.20 Uhr nach Nuuk auf Grönland."

„Aber welchen hat er genommen?", grübelt Krüger, während er sich Bests Kleiderschrank vornimmt. „Hier fehlen Unterwäsche, Hemden und Strümpfe."

„Best hatte laut Aussage seiner Kollegen heute eine Reisetasche bei sich, als er zum Dienst erschien", sagt Marlene Kemper nachdenklich und tritt zu Krüger an den

Schrank. „Er hat den Coup also genau geplant und sein Fluchtgepäck gut vorbereitet." Sie kontrolliert einen Stapel T-Shirts und Shorts in Bests Kleiderschrank. An der Kleiderstange daneben hängen nur ein paar dünne Jacketts und ein leichter Staubmantel.

„Wir sollten sofort die Kollegen in Brasilien und auf Grönland informieren", meint Krüger. „Sie sollten ein Auge auf Reisende haben, die aus Deutschland kommen. Wenn wir Glück haben, fällt Best dadurch auf, dass er mit Geld um sich wirft. Bei dreieinhalb Millionen Euro kann ein Mann schon unvorsichtig werden."

„Erst sehen wir uns hier noch ein wenig um", meint Marlene. Im Wohnzimmer entdeckt sie auf Bests Schreibtisch ein Schachbrett und ein paar Postkarten von einem Mann aus São Paulo, mit dem Best Fernschach gespielt hat. In einer Schublade findet die Kommissarin noch ein paar Bankunterlagen und die Quittung für einen Wintermantel, den Best sich vor zwei Wochen in einer Nobelbutike gekauft hat. Ganz zuunterst liegt ein portugiesisches Wörterbuch und ein Beleg, dass Best letzte Woche 500 Euro in dänische Kronen getauscht hat.

„Haben Sie eine Spur?", fragt Krüger seine Chefin von der Tür her. „Grönland oder Brasilien?"

„Grönland", sagt Marlene Kemper. „Das geht ganz klar aus den Indizien hervor, die wir hier gefunden haben."

Wie kommt Marlene zu dem Schluss?

Best hatte sich einen Wintermantel gekauft, der nicht im Kleiderschrank hing. Im Schrank fanden sich nur leichte Sommersachen – denn Best hatte die Wintersachen für seine Reise ins kalte Grönland eingepackt. Außerdem hatte er dänische Kronen getauscht – und Grönland gehört zu Dänemark.

38

Die Liebesfalle

Zum Abendessen hat Marlene Kemper sich ein Gemüsegratin gemacht, jetzt liegt Tschaikowskys Klavierkonzert No. 1 auf dem Plattenteller, und sie überlegt gerade, welcher Wein wohl am besten zu ihrer Single-Mahlzeit passt, als das Telefon klingelt. Sie hat die vage Hoffnung, dass es Bernd Kummer sein könnte, ihr Flirt mit der Computer-Branche, der sie zu einem romantischen Dinner einladen möchte. Doch dann ist es doch nur wieder der Kollege aus der Kriminalbereitschaft. „Tut mir Leid, Einsatz für die Mordkommission, Frau Kommissarin", sagt er. „Lothringer Straße 47. Sie werden am Tatort erwartet."

Als Marlene Kemper in der Lothringer Straße ankommt, kann ihr Kollege Nils Krüger ihr schon einen knappen Bericht geben: „Der Tote heißt Kurt Ruschke. Seine Freundin Elvira hat ihn vor einer Stunde hier in ihrer Wohnung gefunden."

Der Gerichtsmediziner winkt die Kommissarin heran und zeigt ihr die kreisrunde Verbrennung in der rechten Handfläche des Toten. „Die Todesursache war ein Stromschlag. Ausgelöst wurde er wahrscheinlich durch diese Lampe hier." Er deutet auf ein Ungetüm von Stehlampe mit einem roten Schirm neben dem Sessel, in dem der Tote liegt. Die Zeichnung auf dem Lampenschirm ist für Marlene Kempers Empfinden der pure Kitsch: Sie zeigt einen drallen Faun, der einer zierlichen Nymphe nachstellt. Der Schalter der Lampe besteht aus einer polierten Metallkugel, die an einer Schnur hängt. Man betätigt ihn, indem man daran zieht. „Eine Stromfalle", vermutet die Kommissarin.

Der Arzt nickt. „Jemand hat die Metallkugel des Schalters an den Stromkreis angeschlossen."

„Teuflisch", murmelt Marlene Kemper und wendet sich an Elvira Kramer. Die junge Frau steht neben der Tür und beobachtet die Szene mit versteinertem Gesicht.

„Kurt Ruschke war Ihr Freund?", fragt Marlene behutsam. Elvira nickt nur stumm.

Marlene räuspert sich. „Er trägt einen Ehering …"

„Ja, er war verheiratet", erwidert Elvira und setzt sofort hinzu: „Aber er wollte sich scheiden lassen."

Elvira erzählt, dass sie die Wohnung gemeinsam mit ihrem Bruder Dieter bewohnt. Immer donnerstags, wenn ihr Bruder nach Feierabend mit seinen Arbeitskollegen kegelt, hat sie sich hier mit ihrem Liebhaber Kurt Ruschke getroffen.

„Kurt hatte einen Schlüssel …", flüstert sie. „Er wartete immer schon auf mich, wenn ich aus dem Büro kam. Als ich heute heimkam, funktionierte das Licht nicht. Erst nachdem ich die Sicherung im Flur wieder eingedrückt hatte, gingen die Lampen an. Und dann habe ich ihn gefunden."

Inzwischen ist ein junger Mann in der Diele erschienen. Er trägt ein modisches Jackett und wirkt wie ein Dressman aus einem Modekatalog: Dieter Kramer, Elviras Bruder. Nachdem Nils Krüger ihm gesagt hat, was geschehen ist und er einen kurzen Blick auf den Toten geworfen hat, zuckt er mit den Schultern: „Kurt und Elvira haben hier ein gefährliches Spiel gespielt", sagt er. „Aber Kurt war ja gewissermaßen ein Profi, wenn es darum ging, Frauen zu betrügen."

„Sei still!", zischt Elvira.

Marlene Kemper sieht Elvira an. „Was meint Ihr Bruder damit?"

„Kurt hat mich immer wieder hingehalten, wenn ich ihn um die Scheidung bat", gibt Elvira leise zu. Dann sieht sie Marlene kämpferisch an: „Aber er hat versprochen, mich zu heiraten, sobald er sich von seiner Frau getrennt hatte."

„Eine fromme Lüge, wie alles, was er erzählte", meint Dieter Kramer. „Ich hätte ihn manchmal ..." Er bricht ab.

Marlene Kemper kann sich gut denken, dass Dieter aus brüderlicher Eifersucht den Liebhaber seiner Schwester nicht hat ausstehen können. Sie nimmt sich vor, die Spur später weiter zu verfolgen, und lässt sich erst einmal die Adresse von Ruschkes Frau Beate geben.

Als sie schon auf dem Weg zum Wagen ist, eilt ihr einer der Spurentechniker nach und zeigt ihr einen Schlüssel. „Ruschkes Schlüssel für Elvira Kramers Wohnung", sagt der Mann. „Er steckte in seiner Jackentasche. Es sind Spuren daran, die darauf hinweisen, dass sich jemand von diesem Schlüssel ein Duplikat hat machen lassen."

***

Als Beate Ruschke erfährt, was mit ihrem Mann passiert ist, wendet sie sich einen kurzen Augenblick ab. Ihr rotes Haar schimmert im Licht der Designer-Deckenlampe. Überhaupt ist hier alles im Haus formvollendet und mit sicherem Geschmack aufeinander abgestimmt. Marlene Kemper nimmt an, dass das alles das Werk von Beate Ruschke ist – sie ist eine schöne Frau, perfekt geschminkt und elegant gekleidet. Marlene ahnt, warum ihr Mann sie trotzdem mit Elvira betrogen hat: Beate ist ihm vielleicht zu perfekt gewesen, zu beherrscht und zu stilsicher. Außerdem ist sie Mitte 40, also fast 20 Jahre älter als Ruschkes Donnerstag-Abend-Vergnügen.

„Er hat es nicht anders verdient“, sagt Beate Ruschke. Ihr Blick geht an Marlene Kemper vorbei. „Er hat nicht einmal versucht, die Geschichte mit diesem blonden Herzchen vor mir geheim zu halten. Donnerstags, wenn er in Elviras Wohnung auf sie wartete, machte er die rote Lampe an, als ob er allen zeigen wollte, dass er dort war. Haben Sie diese grauenhafte Lampe gesehen?“

„Wo waren Sie heute Nachmittag?“, fragt Marlene Kemper, die sich mit jemandem wie Beate Ruschke lieber nicht auf Geschmacks-Diskussionen einlassen möchte.

Die Witwe zuckt mit den Schultern. „In einem halben Dutzend Butiken. Ich habe eingekauft.“

***

Marlene Kemper fährt die kurze Strecke zurück zu Elviras Wohnung – es dauert nur knapp 20 Minuten. Ruschkes Leiche ist inzwischen fortgebracht worden. Bei Nils Krüger informiert sich Marlene über die neuesten Ermittlungsergebnisse. „Keine Einbruchsspuren, nichts gestohlen“, rasselt Krüger herunter. „Außerdem sagen die Nachbarn, dass Dieter Kramer sich häufig mit seiner

Schwester wegen ihres Verhältnisses mit Ruschke gestritten hat. Trotzdem hielt er sich an das Arrangement, donnerstags nicht vor Mitternacht nach Hause zu kommen. Das sagt er jedenfalls – und seine Schwester bestätigt das."

Marlene schiebt sich ein Pfefferminzbonbon in den Mund. „Die Stromfalle muss heute Nachmittag installiert worden sein, ehe Ruschke herkam", sagt sie. „Der Täter muss also gewusst haben, dass die Wohnung leer war. Und er hat einen Schlüssel für die Tür gehabt."

Krüger konsultiert seine Notizen. „Die Nachbarn haben niemanden bemerkt. Aber vor zwei Wochen soll sich mal eine Frau hier nach Elvira Kramer und ihrem Bruder erkundigt haben: mittelgroß, Anfang vierzig, rotes Haar, Sonnenbrille, auffallend elegant gekleidet."

Marlene ist überzeugt, dass das Beate Ruschke gewesen ist. Schließlich hat die Witwe ja auch erwähnt, dass ihr Mann immer die rote Lampe einschaltete, wenn er auf seine Geliebte wartete. „Die rote Lampe", sagt sie nachdenklich. „Ruschke schaltete sie ein, wenn er auf Elvira wartete. Ich bin sicher, dass der Mörder Ruschke und niemand anderen töten wollte."

Krüger sieht sie skeptisch an. „Aber woher konnte er wissen, dass Ruschke die Lampe einschalten würde?"

„Vielleicht, weil er ihn sehr gut gekannt hat", meint Marlene. „Jetzt sollten wir noch einmal mit Frau Ruschke sprechen. Sie hat rotes Haar."

****

Beate Ruschke wirkt kaum überrascht, als die Kommissarin ein zweites Mal vor ihrer Tür steht, diesmal in Begleitung von Nils Krüger.

„Sie haben sich vor zwei Wochen bei Elvira Kramers Nachbarn erkundigt?“, fragt Krüger.

„Ja.“ Beate Ruschke schaut zu Boden. „Ich bin Kurt ein paar Mal gefolgt, und einmal habe ich auch mit den Nachbarn gesprochen. Sie haben mir gesagt, dass Elviras Bruder donnerstags erst gegen Mitternacht heimkommt, um die beiden nicht zu stören. Kurt fuhr meist gegen halb fünf in die Wohnung und wartete auf sie. Ich habe manchmal vor dem Haus gestanden und das Licht der roten Lampe durchs Fenster gesehen. Der Faun und die Nymphe. Es war so geschmacklos …“

„Waren Sie jemals in Elviras Wohnung?“, fragt Marlene.

Beate schüttelt den Kopf. „Wie käme ich dazu?“

Gleich darauf steigen Marlene und Nils Krüger vorm Haus in ihren Dienstwagen. „Wohin fahren wir?“, fragt Krüger, als Marlene durchstartet, kaum dass er die Tür zugezogen hat.

„Zum Staatsanwalt“, erklärt Marlene Kemper. „Und mit dem gehen wir zum Untersuchungsrichter und beantragen einen Haftbefehl.“

Gegen wen?

Elvira Kramer, Dieter Kramer oder Beate Ruschke?

Beate Ruschke tötete ihren Mann mit der Stromfalle. Sie hatte bei ihren Beobachtungen herausgefunden, dass er donnerstags stets allein in Elviras Wohnung war und die rote Lampe einschaltete. In die Wohnung gelangte sie mit einem Duplikat, das sie sich vom Schlüssel ihres Mannes hatte machen lassen.

Bei ihrer Aussage verriet sie sich, als sie die Zeichnung der Nymphe und des Fauns auf dem Schirm der roten Lampe genau beschrieb, obwohl sie doch angeblich nie in der Wohnung gewesen war.

39

Auch Tote müssen leben

Marion Scherer trägt Schwarz, und es steht ihr gut, wie Kommissarin Marlene Kemper zugeben muss. „So ein Zufall!“, sagt sie, als sie ihr im Supermarkt an der Obsttheke begegnet. Marion mustert die Kommissarin knapp, wirft ein großes Netz Orangen in ihren Einkaufswagen und meint: „Das bezweifele ich.“

„Auch eine Kriminalkommissarin muss einmal ihren Kühlschrank auffüllen.“ Marlene Kemper folgt ihr zur Tiefkühltruhe. Der Fall Scherer ist inzwischen eine Woche alt. Michael Scherer, Anlageberater mit einem eigenen Büro in dem teuersten Hochhaus, das es in der City gibt, ist am vergangenen Montag von daheim fortgefahren und seitdem nicht wieder aufgetaucht. Am Dienstag hat seine

Frau ihn als vermisst gemeldet. Am Mittwoch ist Scherers Wagen hundert Kilometer entfernt am Rand eines tiefen Baggersees gefunden worden – leer. Die Vermutung, dass Scherer Selbstmord begangen hat und man bald irgendwo seine Leiche finden wird, liegt nahe. Etwas zu nahe, wie Marlene Kemper findet.

„Das Verschwinden Ihres Mannes wird sich sicher bald aufklären", sagt Marlene Kemper behutsam. Marion Scherer ist bemüht, die Kommissarin zu ignorieren. Sie legt zwei Tiefkühlmenüs in ihren Wagen.

„Michael ist tot, das spüre ich genau", erklärt Marion Scherer trocken. „Und im Gegensatz zu Ihnen bin ich sicher, dass er Opfer eines Verbrechens wurde!" Sie packt zwei große Porterhouse-Steaks in ihren Wagen und fährt weiter zum Spirituosenregal.

„Sie haben hoffentlich jemanden, der jetzt bei Ihnen sein kann", sagt Marlene Kemper und hilft ihr, eine Flasche Scotch vom obersten Regalbrett zu holen. „Oder sind Sie allein?"

„Ich komme ganz gut zurecht", sagt Marion. „Noch besser käme ich allerdings zurecht, wenn Sie endlich die Untersuchung von Michaels Verschwinden abschließen würden. Dann kann ich nämlich endlich unser Haus verkaufen und in die Toskana ziehen."

„Das Haus, ja", nickt Marlene Kemper. Michael Scherer hat ein halbes Jahr vor seinem Verschwinden sein luxuriöses Haus auf seine Frau überschrieben. Doch das ist nur eine der vielen Merkwürdigkeiten dieses Falles. Eine andere ist, dass Michael Scherers Firma vollkommen verschuldet war, als er verschwunden ist. Ein Konkurs wäre unvermeidbar gewesen.

Marion Scherer nimmt auf dem Weg zur Kasse noch eine blonde Haartönung aus dem Kosmetikregal. Kommissarin Marlene Kemper stellt sich mit ihr in die Kassenschlange. „Bei meinen Kollegen vom Betrugsdezernat lief bereits ein Ermittlungsverfahren gegen Ihren Mann“, sagt sie. „Wegen Unterschlagung von Kundengeldern.“

Marion hebt nur die Schultern. Sie kauft noch zwei Schachteln Filterzigaretten und eine Schachtel ohne Filter. „Die Anlageberatung gehörte Michael. Ich habe nichts damit zu tun.“

* * *

Marlene Kempers Kollege Krüger hat draußen auf dem Parkplatz des Supermarktes im Wagen auf seine Chefin gewartet. Ganz Gentleman steigt er aus und macht die Heckklappe auf, als er Marlene mit zwei Tüten bepackt herauskommen sieht.

„Nun?“, fragt er, als Marlene ihre Einkäufe einlädt. „Da beschatten wir Marion Scherer nun schon seit drei Tagen, weil wir vermuten, dass ihr Mann sein Verschwinden nur inszeniert hat, um nicht wegen seiner dubiosen Finanzgeschäfte belangt zu werden. Bisher ist nichts dabei herausgekommen. Marion ist allein in ihrem Haus, sie hat keine Besucher und geht nicht aus. Nur jeden zweiten Tag fährt sie zum Einkaufen hier zum Supermarkt.“

„Eben“, sagt Marlene Kemper grinsend. „Marion lebt nicht allein.“

Was ist ihr aufgefallen?

Marion Scherer kaufte für zwei Personen ein – zwei Steaks, zwei Sorten Zigaretten. Recht ungewöhnlich für eine Frau, die angeblich alleine lebt.

40

Marlene und die X-Akte

Die volle Scheibe des Mondes steht über den Baumwipfeln am Waldrand. Marlene Kemper nippt an ihrem Caipirinha, den ihr Bernd Kummer gebracht hat, und genießt den friedvollen Abend – zufrieden mit sich, dass sie Bernds Einladung für ein gemütliches Wochenende angenommen hat. Das Häuschen hier draußen hat einmal seinen Eltern gehört – und er verbringt manchmal ein paar Tage hier, wenn ihm der Stress in seinem Computerjob zu groß wird. Jetzt sitzt er neben ihr auf der Terrasse, Mücken umschwirren die Windlichter auf dem Gartentisch, ein Käuzchen schreit in der Ferne.

„Etwas spooky, nicht wahr?“, meint Bernd. „Besonders, wenn man weiß, dass es in letzter Zeit hier im Wald seltsame Vorfälle gegeben haben soll. Mein Nachbar behauptet, auf seinem Grundstück sei ein UFO gelandet."

Marlene muss grinsen. „Immer wenn Vollmond ist, melden sich beim Polizeinotruf Leute, die seltsame Vorfälle beobachtet haben wollen."

Drüben geht auf der Terrasse des Nachbarhauses das Licht an. „Oh-oh", murmelt Bernd, als sein Nachbar aus dem Haus tritt. „Gleich fängst Markus Spenners Märchenstunde an."

Markus Spenner ist ein schmächtiger Mann mit dünnem Haar und einer Harry-Potter-Brille. Überhaupt wirkt er wie ein großer Junge. Als er Marlene und Bernd entdeckt, hebt er grüßend die Hand und kommt herüber.

„Meine Bekannte hier glaubt nicht, dass Sie wirklich die Landung von Außerirdischen beobachtet haben", meint Bernd Kummer und zwinkert Marlene zu.

Spenner mustert Marlene mit der Überheblichkeit eines Wissenden, dann setzt er sich und meint: „Sie halten mich sicher für einen von diesen UFO-Spinnern?"

Marlene zuckt nur mit den Schultern. „Es mag sein, dass Sie etwas beobachtet haben, aber ich glaube, dass es ganz bestimmt eine logische Erklärung dafür gibt."

„In unserer Zeitung ist ein großer Bericht über Spenners Beobachtung erschienen", sagt Bernd. „Daraufhin haben sich alle UFO-Anhänger aus der Gegend bei ihm gemeldet, und Markus macht jetzt regelmäßig Führungen zu der Stelle, an der er die Landung beobachtet hat."

„Zum Glück habe ich mit meinem Grundstück für das Haus seinerzeit auch die Parzelle des Waldes gekauft, wo der UFO-Landeplatz liegt", sagt Markus Spenner zufrieden. „Ich werde dort ein Info-Zentrum errichten."

„In dem man dann für ein paar Euro alles über UFOs erfahren kann, richtig?“, spekuliert Marlene.

„Natürlich“, meint Spenner trocken. „Ich habe schließlich dadurch enorme Unkosten.“ Er lehnt sich zurück und blinzelt hinauf zum Vollmond. „Ich bin überzeugt, dass es Außerirdische gibt, die uns auf der Erde regelmäßig besuchen. Und ich glaube, die, die ich gesehen habe, werden wieder kommen“, erklärt er. „Es war vor genau sechs Wochen, als ich meine Beobachtung gemacht habe. Ich hatte bis gegen Mitternacht gelesen und fühlte mich noch nicht müde. Auch eine seltsame Unruhe hatte mich ergriffen. Ich glaubte zuerst, dass es mit dem Vollmond zusammenhing, obwohl ich normalerweise nicht so sensibel bin. Um mich zu beruhigen, machte ich einen kleinen Spaziergang in den Wald. Hinter den Bäumen dort liegt eine kleine Lichtung, seltsam geformt, wie eine exakt ausgemessene Ellipse. Ich stand dort gerade am Rand, der Mond beleuchtete das kniehohe Gras, als ich ein leises Sirren hörte und ein riesiges, glitzerndes Flugobjekt sich mit rasender Geschwindigkeit von Osten her näherte. Über der Lichtung kam es abrupt zum Stehen und sank dann langsam herunter, bis er nur noch knapp einen Meter über dem Boden schwebte. Helle Lampen blinkten an der Außenwand des UFOs, und auf einmal öffnete sich eine Luke an der Unterseite. Eine Art Gangway glitt heraus, auf der dann ...“

Marlene kommt das alles eher wie eine Szene aus „Akte X“ vor. Sie lächelt und sagt: „Ehe Sie weitererzählen, sollten Sie sich Ihr kleines Märchen, das Sie sich ausgedacht haben, um sich interessant zu machen, noch einmal genau überlegen.“

Bernd Kummer sieht sie überrascht an, und Markus Spenner schluckt überrascht. „Wieso…?“

„Da hat sich nämlich ein gravierender Fehler in Ihre Story eingeschlichen“, sagt Marlene.

Was ist Marlene aufgefallen?

Als Markus Spenner seine Geschichte erzählte, herrschte Vollmond, und er behauptete, dass bei seiner Beobachtung der UFO-Landung sechs Wochen zuvor ebenfalls Vollmond geherrscht habe. Eine Mondphase dauert aber nur rund vier Wochen, und sechs Wochen nach Vollmond herrscht Neumond.